再也沒有不敢上的台！

輕鬆開口，打造談話魅力的5堂課

日本 鳥 正一 人 —著

前言——這本書改變了超過一萬四千人的人生

「我想克服怯場！」

「我希望自己變得很會演講！」

但就算許下願望，情況也不會改變。

這問題當然沒有簡單到光用想的就能解決。

您好，初次見面，我是鳥谷朝代。

我是**日本唯一專為怯場症者設立的協會「克服怯場症協會」的理事長，也是專治怯場症的專家**。

想要當眾說話，手或聲音卻會顫抖，腦袋一片空白，什麼話都說不出口，便是所謂的「怯場」。為了飽受怯場之苦的人們，我每年都會在社區大學或公司、學校等處，主講兩百場以上的演講。

我教導許多人說話與演講技巧，並以為志業。但我之前並非新聞主播，也不是談話專家，而是任職於地方政府的公務員，而且還是那種「**由於過度怯場，完全派不上用場的公務員**」。

過去因極度怯場而自我厭惡的每一天！

接下來，想跟各位讀者稍微介紹我的怯場症歷程。

我記得，那是國中一年級時，輪到我要在國語課上唸課文所發生的事。小學畢業前，我都還算擅長唸課文，但那時我的聲音突然顫抖，而拿著課本的手也是抖個不停。

坐在我前面的男同學驚訝到轉過頭來看我，那場景對我而言至今仍記憶猶新。

在那之後，我只要聽到要唸課文，當時所感受到的恐懼就會甦醒，之後輪到我唸課文的日子，我就會裝病，逃到保健室。

其他如上音樂課時，一想到要吹直笛，我的手就會發抖到無法吹奏；歌唱考試時，也因為緊張到難以呼吸，導致聲音出不來等等，**每次一想要在大家面前做**

些什麼，我的手或聲音就會顫抖，並一直持續這樣的狀態。

升上高中後，狀況不但沒有改善，還變本加厲。

我曾經參加入軟式網球社團。然而，練習時原本都沒事，比賽時卻因緊張導致錯誤連連，一直帶給同隊夥伴困擾。

不斷陷入這種情況的時期，不只運動如此，甚至看到人們在歌唱節目或戲劇、記者會上「緊張的模樣」對我而言也是折磨。

「到底為什麼我會變成這樣啊……」感到難為情的我，每晚都躲在棉被裡哭泣，青春期過得非常痛苦。

我以「再也不想要在課堂上發表」為理由，而放棄升大學。（由於我的在校成績算好）老師們都很驚訝，但我無法說出事實，也不顧周遭的反對，就決定在高中畢業後直接進入職場。

很幸運地，我通過了國家公務員與愛知縣名古屋市的招聘考試，於家鄉的名古屋市政府就職。

起初在辦事處工作，但到市政府的第二年，我二十歲時，便調到了祕書室。而在祕書室工作的第二年，又竟然被任命為市政府領導人——市長的祕書。

在超過兩萬人的市府職員中，我是唯一的市長祕書，也就是所謂的「位居要職」。我實在沒有想到，在這樣的單位裡，被選為市長祕書的會是不喜歡受到矚目的我。

明白我個性的雙親為此感到擔心，我自己也覺得壓力好大。但由於這樣的機會不會有第二次，我還是決定好好努力看看。

每天都會有許多知名政治家或演藝人員來拜會市長。而電視節目的拍攝或採訪也不少，每當需要我參與其中或端出茶水時，我都在跟自己發抖的手戰鬥。

「我果然無法勝任這工作」、「這樣的我根本沒有當祕書的資格」我每天都在責備自己中度過。

儘管如此，這工作也做了四年，接著調職令就來了。

下一個服務單位是教育局。

在教育局，會針對學校教職員舉辦研習或說明會，我們時常要輪流當講師、司儀等。

對本來以為終於不用在別人面前發表的我來說，當研習講師根本是不可能的任務。**輪到我當講師或司儀的當天早上，我就會裝病請假。**

這種事一而再、再而三地發生，旁人當然也就失去對我的信任，人際關係也變得不好，最後我因自律神經失調而留職停薪。

雖然幾個星期後就復職了，但自我厭惡感卻愈來愈強烈，每天都過只要出門上班就令我感到痛苦的生活。

轉機降臨到「恨透在別人面前說話」的我身上

在教育局服務的第四年，下個單位的調職令又來了。

而這個單位的名稱是市議會調查課。

然後就在此時，對我來說「人生最大危機」＝「轉捩點」出現了！

由於市議會的工作人員必須廣泛地瞭解市府的事情，因此調查課的全體同仁都要在位階低於課長的其他職員面前，發表長達二十分鐘的市政研究報告。

之前，我都躲掉要當眾說話的工作，硬是丟給其他人承擔，但因為這是全體同仁都要發表，唯有這次我是躲不掉的。

如果做不到的話，就只能辭職了。不！應該要早點辭職才對！

我的怯場症嚴重到這種地步，本來就不像一般人一樣能做好工作……我已經想到辭職這條路，也下定決心迎接終將到來的離職日。

然而，不知為何，我就是有種無法放棄的感覺，便開始在網路上搜尋關於怯場症的資訊。

目前為止，我只有想著要如何躲開當眾開口的場合，但現在是我第一次尋求逃避以外的方法。

如果用「怯場」、「緊張」等關鍵字來搜尋，會搜到許多精神科的網站。

藥物——

如果吃藥就能抑制怯場……這麼想的我馬上就到精神內科看醫生。

醫生速速聽了我的話後，只說：「那我開藥給妳吧。」

對於太過籠統的對應感到失望的同時，我有點害怕。

身體明明沒有不舒服，卻要吃藥這點讓我反感，最後我還是沒有使用藥物。

接著，我的目光停駐在「催眠治療」的小廣告上，那廣告寫著「治好你的臉紅、冷汗與口吃」。

以電話預約後，我帶著忐忑不安的心走入一間老公寓，一對一地接受老師的催眠治療，**但花了超過二十萬日圓卻幾乎沒什麼效果**，反倒讓我覺得「我的怯場症果然是治不好的……」而意志消沉。

距離我上場發表不到一個月，就在我正要放棄，覺得只有離職這條路可走時，找到了在社區大學開設的「談話講座」。

雖然我對「靠談話講座治好怯場症」感到半信半疑，但時間實在所剩無幾，我馬上就報了名。

一去體驗課程，就看到有十位年齡約五十到六十幾歲的男女正在練習發聲。

每個人都從腹部好好地發出聲音。

有些人在唸歌舞伎的開場白，有些人則是在練習演講，但大家都講得很好，根本就像專業演員。

「剛開始我只要一緊張就完全發不出聲音，但練習之後就能做到這種程度呢！」我受到這句話的鼓勵，也有了勇氣，覺得「自己或許也能辦到」！

即使從表面看不出來，但其實大家都因緊張而煩惱不已，當我知道這點的同時，也放下了心。

「從這間教室開始努力看看吧！」、「我再也不要那麼害怕在大家面前講話了，好好面對怯場的毛病吧！」我下定了如此的決心。

我趕緊製作了工作發表用的大綱及腳本。

仔細想想，之前我就算有上台發表的機會也全都躲掉了，像這樣準備還是第一次呢。

我練習唸了好幾次，同時也請旁人幫我聽聽看。

練習時，我感到自己有了明顯的改變，從「在別人面前說話」＝「發抖、厭惡、想逃離」到「當眾說話」＝「**我好像多少做得到耶？**」

終於，輪到我發表的那天……結果我想不用說您也能知道了。我到現在都還忘不了，那天我沒有躲掉，而是完成發表的舒暢感，以及幸好不用辭職的安心感。

就是因為如此，才有了今日的我。

你的人生也能靠「說話方式」改變

以此為契機，感謝談話講座讓我克服了怯場症。之後，我當了講座助理，協助許多人克服怯場，於是我心中也出現了一個疑問。

那時，提到「談話講座」，一般的印象是請退休的前主播來當授課老師，讓能言善道的人更為精進。

事實上，在日本並沒有確切訴求「克服怯場」的談話講座。這是為什麼呢？是因為不擅長說話是與生俱來的嗎？因為這丟臉到難以啟齒嗎？但明明就有對此感到非常苦惱的人吧。

像我這樣十七年來有著嚴重怯場症的人，都能改變到這種程度。談話講座拯救了我，而我想要把這樣的經驗推廣到社會上。

我想協助像我這樣暗自苦惱的人，便爽快辭去穩定的公務員一職（笑），創辦了專為克服怯場症的談話講座「為怯場症者・不擅言詞專設演講學苑®」，**並且創立任何人都能輕鬆改善怯場的方法**，到現在也有十二年了。

而在二〇一四年，我發起「一般社團法人克服怯場症協會」，此為日本第一個由曾經是怯場症者為受怯場所苦的人們所創立的協會，並任職理事長。

於日本各地的社區大學、學校、公司、組織舉辦演講，至今協助了超過一萬四千人，包含其他講師在內，協會共協助了超過兩萬五千人克服怯場。

正因為我有過重度怯場症，所傳授的並非是常見的演講技巧，而是真的能夠克服怯場的訣竅。

從事協助他人克服怯場症的十二年來，我遇過幾千次、幾萬次這樣的場面——

「我曾經有重度怯場症，但現在我能在一百人面前演講呢！」

「我克服了怯場症，而且當上了研討會的講師！」

這與「至今都不會騎腳踏車的人，憑著練習終於會騎了」是一樣的，並非奇蹟。

演講、說話方式都屬於技巧。和騎腳踏車一樣，只要訓練就能愈做愈好。沒有人一出生就會騎腳踏車吧？一開始需要輔助輪，然後從習慣踩踏板開始。習慣了之後，再將輔助輪拆掉，由爸媽在後方支撐著，練習取得平衡，最後爸媽放手讓孩子自己騎車。

應該許多人是這樣練習一到兩個星期，然後不知從什麼時候開始就會騎了吧。開車也是如此，起初完全沒有開車技巧，在駕訓班學習知識與實質技能，透過不斷實際演練以習得駕駛。

就如拿出勇氣學會騎腳踏車、開車的人得以擴展活動範圍，當你克服了怯場，與他人之間的來往、工作或興趣也會愈來愈廣泛。

一口氣將勇氣、自信與幸福拿到手吧！

希望有以下困擾的讀者都能夠閱讀本書——

- 到了陌生的地方，想到非得自我介紹，就感到沉重。
- 想到要參加婚宴或派對就很憂慮。
- 在同樂會或家長會等場合，時常祈禱不要輪到自己上台說話。
- 出席葬禮或飯店入住登記時，覺得在別人面前寫字很可怕。
- 當輪到自己要在朝會上發表，就超想請假。
- 不管是唱歌或演奏樂器，只要一想到要當眾表演，就覺得很討厭。

還有，

- 認為怯場症「因為是種病，所以治不好」。
- 覺得「自己個性內向又負面，根本不可能在別人面前好好說話」。
- 近期需要上台簡報，想到就討厭，可以的話想辭職。
- 試過了各種療法，但緊張的問題卻沒有改善。

□認為「要是沒有怯場的問題，我的人生就會更順遂了」。

如果你符合以上其中一項，請務必要讀到最後！

順帶一提，上述全部是過去的我發生過的事，但我現在：

- 治好了怯場症！
- 內向又負面的個性也改變了！
- 不需要（因怯場症）辭掉工作！
- 儘管催眠與藥物治療都沒效，但我還是改變了！
- 人生充滿和諧與愉悅，好比樂園！

然而，如果放著怯場症不管，就有以下的壞處……

1 老是感到緊張不安

尾牙、餞別或迎新、同學會、家長會……無數個當眾說話的機會，但無論何時、何種場面，你都無法打從心底享受。

2 在職場上無法獲得他人信任

躲掉重要的上台簡報，或在開會時一言不發的上班族，是沒辦法取得周遭信任的。

3 沒有朋友

當朋友或同事來拜託你「在婚禮上致詞」，你是否一不小心就露出厭惡的表情，或予以婉拒嗎？

請好朋友幫忙，但對方不僅沒給予祝福的話語，還露出了厭惡的表情……這種悲傷是一輩子都忘不了的！

4 變得討厭自己

因為怯場症而討厭在許多人面前發表，所以也愈來愈討厭一直在逃避的自己。在這樣的狀態下，一輩子都不可能好好說話吧。

5 無法享受與人交談的樂趣

要是不去處理不擅長與他人對應的問題，就無法由衷享受對話的樂趣，也會給對方不愉快的印象。

以上1～5點，都是我曾經發生的事……

藉這個機會，我要向當時的主管、同事與朋友們深深致歉！

而當你不會怯場、擁有說話力後，就會發生這樣的「好事」！

- 因為已經不再害怕，跑業務、談生意、聚會、地區活動、聯誼……不管去哪裡都無所畏懼。
- 在正式發表時變得更強，公司與客戶都信賴你。
- 不再對交談感到困擾，不管工作往來、朋友相處或與鄰居互動，都能給人好印象。
- 能有自信地當眾說話，姿態或表情、身形也在無形中變好。
- 工作與人際關係都變得順遂，徹底改變你的人生！

我敢說，在人生中，「說話的方式」是最重要的技巧。

學生時代用成績高低分優劣，但成了社會人士後，別人是靠「你懂不懂得說話」來判斷你是否有能力做事。

就算有再怎麼聰明的腦袋、再怎麼好的點子或企劃，如果沒有將之發表於眾人面前的技巧，也沒有用。

「能夠當眾發表演說的人」確實有更多商業機會，人生也會變得精采。但如果缺乏訓練，多麼可惜啊！

甚至可以說，**閱讀本書的讀者「都是今後有機會當眾說話的人」**。

也就是**「社會所需要的人」**。

因為當眾說話這件事，是受人之託才會做的事。

而你如果不被他人需要，就不會有在眾人面前說話的機會。

「這場演說，我只希望由你來主講。」

「這個簡報，我想全部都交由你來負責。」

受到如此請託時，希望你能愉快接受。

就算不是現在也沒關係，我希望你有一天能夠說出「我會試看看！」、「請讓我負責！」

因此，我寫了這本書。

人生只有一次。

假裝無視自身怯場的問題、不斷找藉口，一輩子都在逃避於他人面前發表；或是一次正面迎擊並克服怯場症，不管遇上什麼樣的場合，都能愉快地接受、承擔下來。

這兩種人生，你要選擇哪個？

縱使煩惱，怯場症也不會痊癒。煩惱不過是浪費時間罷了！

早點開始練習，也能早點輕鬆！

二〇一六年四月

鳥谷朝代

前言——這本書改變了超過一萬四千人的人生 3
過去因極度怯場而自我厭惡的每一天！…… 4
轉機降臨到「恨透在別人面前說話」的我身上…… 7
你的人生也能靠「說話方式」改變…… 11
一口氣將勇氣、自信與幸福拿到手吧！…… 14

Chapter 1 為什麼你無法在他人面前順暢表達 27
95%日本人不擅表達…… 28
苦於怯場症的人意想不到的事…… 31
為什麼會「過度」緊張呢？…… 35
拙於言辭者的六大問題…… 38
三種思考模式對人生所產生的影響…… 41
太過緊張時，會發生什麼事？…… 43
自覺不擅長全是「過去的經驗」使然…… 48
你所知道的克服方法並不是真正的方法…… 51

Chapter

2 不讓氣氛尷尬的談話方式 61

應對時抱持緊張感是基本禮儀……62
與這樣的人說話心情就會很好！……64
任何交談都是「三分鐘定天下」……66
「簡短易懂」是對話的最佳平衡……70
每分鐘說兩百字左右剛剛好……72
只要有「三分鐘的話題」，就能馬上進入狀況……74
沒有意識到確切的起承轉合……78
能言善道者懂得說話的「形式」……81
只要縮減開場白，就能瞬間給人好印象……88
愈是不準備講稿，內容就愈沒有條理……89
在事前準備下功夫，正式上台就不慌亂……93

Chapter

3 改變聲音與姿勢能紓緩緊張感

觀察自己「說話時的模樣」……98

持續「這樣」下去，就愈容易怯場……101

放鬆僵硬身體的伸展操……104

解決手腳發抖！「頸腕踝紓緩體操」……106

瞬間改善不良姿勢的「貼牆站立」……109

不再害怕他人目光的視線方向……111

讓人一次就印象深刻的視覺之手……113

平日習慣造成的意外與意想不到的陷阱……116

延長吐氣，聲音就不會顫抖……119

擁有自信的捷徑就是鍛鍊聲音……123

讓聲音聽來悅耳響亮的發聲法……125

高亢與低沉，哪一個好聽？……126

「克服」怯場！效果絕佳的朗讀訓練……128

加上抑揚頓挫，聽起來就完全不同……135
檢視以正式發表為前提的排練影片……136

Chapter 4 傳授你在正式發表時變強的祕訣

傳授你在正式發表時變強的祕訣 139
愈接近正式發表就愈害怕的原因……140
聆聽別人說話能減少「等待造成的緊張」……142
演說五分鐘前成功紓緩緊張的方法……145
營造出「在咖啡廳的情況」，能瞬間改變氣氛……147
體驗「坦白怯場」……149
血清素不足也會對緊張不安有影響……151
解決「肚子痛」的對策……155

Chapter

5 讓你任何場合都不怯場的說話方式

【自我介紹篇】讓人覺得「你給人感覺很好」的說話方式……158
能夠帶來好感的「自我介紹」六大重點……160
【面試篇】讓別人覺得「你做事很認真」的說話方式……169
務必掌握！「面試成功」的三大重點……170
【一對一商務會談篇】在關鍵時刻「沉著以對」的說話方式……180
順暢「進行商務會談」的四大重點……180
在重要時刻也能沉著以對的拜訪禮儀……190
【上台簡報篇】任誰都不禁認同你的說話方式……193
適合商業場合的「簡報」十大重點……193
讓你正式發表時也不焦躁的四大步驟……196
可以在簡報或研習班上使用的「迴避注目術」……200
研習班講師也會使用的「超級密技」……201
【會議・聚會篇】成為「很會延續話題的人」的說話方式……202
讓氛圍順利和諧的「會議・聚會」六大重點……203
讓情況惡化的說話模式……206

使會議氣氛活絡的正向用語……210
不會讓對方感到不耐煩的討論．報告方式……212
讓會議順利進行的必要事項……214
【婚禮．派對篇】成為「說話得體的人」的說話方式……216
不會讓你出醜的五個「演講」重點……218
主持活動不慌亂的祕訣……223
【初次見面篇】一見面馬上就能「縮短距離」的說話方式……230
讓親切感瞬間提升的「親切感六字訣」……233
【異性篇】和誰都能「聊得來」的說話方式……240
只要改變回應方式，就能成為戀愛達人……241
讓人「還想見上一面」的人之共通點……245
【電話應對篇】讓人佩服「你很能幹」的說話方式……247
打電話時的基本關鍵……248
接電話的基本關鍵……250
結語……254

Chapter

1

為什麼你無法在他人面前順暢表達？

95%日本人不擅表達

一般人對「怯場症患者」抱有什麼樣的印象呢？性格文靜、不起眼？或孤僻、讓人感覺精神方面有毛病？脆弱敏感，重點是不可靠？

我的印象則是完全相反。

他們雖然不擅長在群眾面前發表，但一般都能夠處理一對一的商務會談或接待客人，並不會為日常生活帶來困擾。

而來我這裡上課的，全是被逼到走投無路的人，從外表完全看不出來他們有怯場症。也就是因為外表看來能言善道，所以容易受託在婚禮上發表賀詞，或是當研習講師。

他們很多事情都想幫忙，但就是辦不到。而且，有很多人暗自為自己「好像很擅長當眾說話」和「其實遇到正式場合就會怯場」……這樣的形象落差感到苦惱。

過去的我也是如此。

我連對家人都無法坦白，遑論對職場同事或朋友了，但旁人卻完全沒有發現，我會因此煩惱到這種地步。

一般來說，80%～90%的日本人其實有怯場症。但我的感覺則是，95%以上的人都有這個問題。

當向工作上的人、認識的人或朋友問道「在多數人面前會感到緊張嗎？」，很**難找到回答「我不會緊張」的人**。

有時，我會在扶輪社等一百到三百位經營者的面前演講，而這時候我一定會做個調查。

「面對群眾會感到緊張的人，請舉手！」一百人中就有九十五個會舉手。

「什麼樣的情況會讓你感到緊張？」

「就像這樣人很多的場面，或是要在大家面前致詞的時候。即使有稿子，只要一沒看稿子，就會緊張到不行。」

知名大公司的經營者這麼回答我。

而在電視或廣播上有許多登場機會的演員、主持人，其實他們於正式開錄前也都會感到緊張。

廣播主持人說：「我每天唸稿時都很緊張，為了讓鳥谷老師教我不會怯場的訣竅，我還向公司提出了企劃書呢！」節目導播也告訴我：「就算我有十年的導播經驗，現在還是會緊張。因此，我曾想要製作節目邀請鳥谷老師參加。而這是只有我才做得到的企劃！」。

大公司的社長，或本身的工作就是要對著群眾說話的講師們，以及目前為止跟我一起上過節目的演員，都不約而同地告訴我他們會緊張。而這從他們的外表是看不出來的。

不只是日本，**在歐美國家，認為「在人生中，最害怕的事就是在公共場合發言」的人也不少**。

怯場症從性格或外表上是看不出來的。

也許你身邊的人舉止看來若無其事，但搞不好他非常緊張呢！

一聽到「80％以上的人有怯場症」，你是否鬆了口氣呢？

我加入了談話講座後，這件事最令我感到恍然大悟。

由於一起上課的大家都是因怯場症而深感煩惱的人，我也就能安心地去上課。

在精神科就診時，我曾經覺得「只有我自己不正常」（但絕不是否定催眠治療或藥物治療！只是我個人的經驗談）。

苦於怯場症的人意想不到的事

我們在學校習得了「讀」與「寫」，卻沒能學到「說」的技能。

「在眾人面前說話」＝是過去沒有經驗、日常也不會發生的事，所以講不好也是理所當然。

受託於婚宴等正式場合致詞或演說時，能夠不害怕地欣然接受，或者能夠立刻回答「我很擅長上台簡報！」的人，到底有多少呢？

說到「怯場症」，聽來像是一種毛病。但這不用與別人相比，畢竟是否容易怯場是屬於自我評估的範圍。

當然，這無法從外表或平時的性格來判斷。

下頁的圖表，是來自我任職的克服怯場症協會的會員資料。

什麼樣的人會為怯場所苦？

男女比例

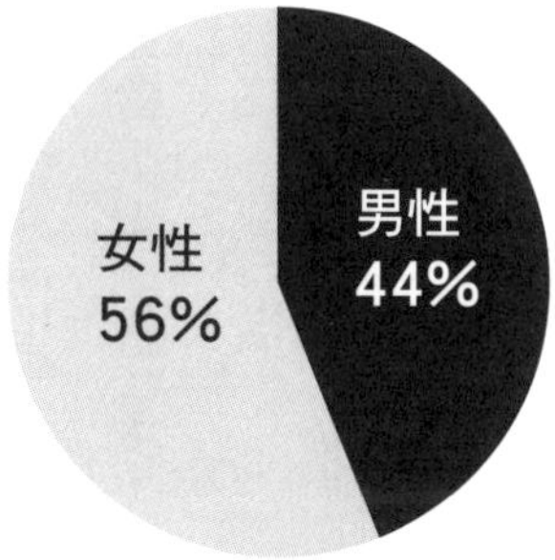

年齡比例

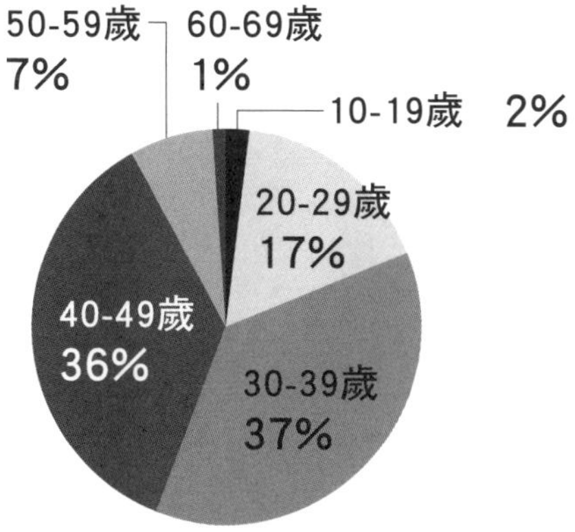

職業類別

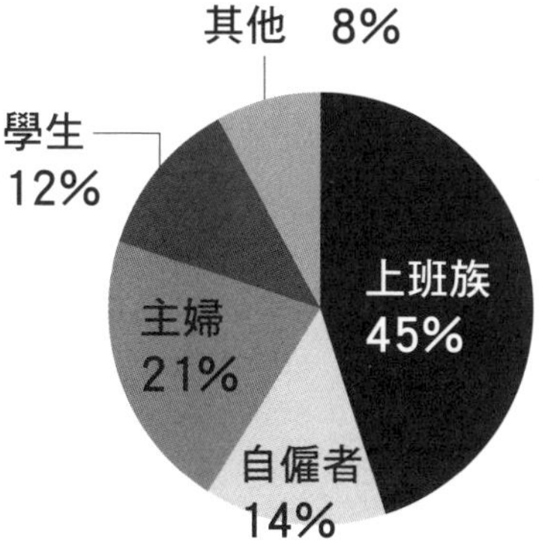

統計來源：克服怯場症協會

年齡構成的方面，主要集中在三十到四十幾歲，下至小學生，上至八十幾歲的人們都有，從這點我們知道，無論男女老少、不分個性與職業，人人都會緊張。

順帶一提，我們的會員中有議員、醫師、律師、刑警、音樂家、模特兒，比較想不到的是，還有僧侶呢！**因為沒有一種行業是不需要當眾說話的**，對吧。

但社會地位高的人，或者做一般認為肯定能言善道的工作的人，他們的壓力可以想見會更大。**只是，大部分從表面上都看不出來**，工作也很賣力積極。

在此說個讓人感到豁然開朗的小故事。

我在某個會場舉辦研習班時，有位陪同為緊張所困的老闆、在公司負責員工教育訓練的人也來上課（許多人是因公司主管或人資的介紹來上課的）。

他告訴我：「我沒有怯場的困擾。」除非是陪同爸媽或主管，否則沒有怯場問題的人是不會來參加我的研習班的（這應該很理所當然吧）。

機會難得，我便向他請教不會怯場的祕訣。那個人說：「只要不覺得怯場是種毛病或是不正常就好。和大家一樣，我有好幾次因唸課文或上台演說的失敗經驗。但我認為，怯場症不是病，只要努力對付怯場的情況就好。」

沒錯！就如他所言！

因為，「沒有怯場症」並不等於「不會緊張」。

即使我也完全克服了怯場症，但不代表我就完全不緊張。

請不要認為只有你特別會緊張，我會告訴你如何改變這種思考模式。

「當眾說話」＝身體僵硬、讓人丟臉的場合、再也不想這麼做。

「當眾說話」＝雖然會緊張，但這是可以傳達想法、發揮力量的時候。

同樣都是「感到緊張」，但結果截然不同。

希望閱讀本書的你以後者為目標。

為什麼會「過度」緊張呢？

以下的順序是「什麼樣的情況會讓你感到緊張？」的問卷調查結果。

❶在很多人面前演說的時候……82．2％
❷要去見未曾謀面的人時……………36．5％
❸身處新的職場或開始新工作時………35．6％

（資料來源：青山快樂研究所問卷）

在很多人面前發表演說時感到緊張的人較多，是由於對大部分的人而言，這是「非日常情境」。我們一輩子很少會遇上要在有一百人、兩百人的正式場合上說話的情況，因此自然會覺得緊張。

不過，當聽眾人數少的時候，就不會緊張了嗎？也不是這樣。就算只有幾名聽眾，還是會怯場。那到底是什麼樣的情況或原因導致我們怯場的呢？

1　身處不習慣的環境

因一次的失敗經驗，而對當眾說話感到害怕，為了不要遇上相同的情形，便持續逃避，幾乎沒有人是不會怯場的。

我問那些「在人前會感到緊張」的人：**「在此之前，有過幾次當眾演說的經驗呢？」多數人的回答是幾乎沒有。**

理所當然，我們會「對沒做過的事感到緊張」。但容易緊張的人，就是會因為不想在別人面前出醜、不想讓人看到自己的弱點，而讓這樣的情緒不自覺地運作。

2 因為感受到壓力

比起在不認識的人面前，很多人反而在認識的人面前，尤其是公司的主管、同事或下屬面前更為緊張，**因為這會對工作評價有直接影響**。

舉個例子，在參加我的講座的人之中，有許多是學校老師，明明在孩子、學生面前完全不會緊張，但一到家長會時，就不由得緊張起來。

就算說的話一樣，但是當對象或狀況不同，或是在意他人評價時，這類情況自然會增加我們的緊張感。

3 準備、練習不夠

當然，如果對發表的內容沒自信，不安感就會增加。

不過，**事實上有很多人不僅容易緊張，還偏偏不準備也不練習**。

「一練習就會想到當天的場面，反倒緊張起來……」

「愈思考內容，就愈覺得腦袋一片空白，感到困擾。所以我想儘可能直接上台……。」

我能理解這樣的心態，但這樣下去永遠不可能改善。

拙於言辭者的六大問題

當眾怯場，就是你很認真面對演說的證明。所以，感到緊張這點絕對不是什麼壞事。只是，也會有人坦白講出「這個人很慌張耶」、「這個人很不會演說耶」的評論。

而讓聽眾覺得不擅表達的人有下列傾向：

1 藉口很多

「我沒有想到要自我介紹」、「我什麼都沒有想就來了……」諸如此類，有些人會從藉口開始帶入主題。但既然成了習慣，那就改善吧！在聽眾的立場來看，難得想聽你說話，但你卻**給人一種「你這人真麻煩」的印象**。

2 說話很負面

像是一直說「但我本來就不是很會講話啊」、「反正不會成功啦」之類「**魔鬼用語（如：但是、反正、可是、所以、雖然）**」的人。首先要矯正你的口頭禪。負面言語過多，聽了心情就不舒服，還會感到焦躁，也可能使場面氣氛瞬間凝結。

3 說話冗長又沒條理

這就是完全沒有考慮到聽眾的人。偏偏怯場症者中，有很多人說話都過於冗長。切記！**沒有比一直聽沒條理的話更痛苦的事了。**其結果就是會被貼上「沒有做事能力」的標籤。

4 馬上就面無表情或看起來不爽

外表給予他人的感覺也是說話時很重要的環節。學習做出吸引他人的表情吧！

不管內容多麼精彩有趣，要是臉上沒有表情或很淡漠的樣子，魅力就會少了一半，**甚至還可能會被認為「你在不爽什麼嗎？」**上台簡報或商務會談、面試時，這樣可是非常不利的。

5 交談時無法好好做球或接球

不管是一對一聊天，還是在眾人面前說話，都是有「對象」才得以成立的。來揣摩與聽者之間的溝通吧！當談話的拋接球遊戲進展得不順遂時，對方就會不禁產生**「我在講話，你卻都沒有什麼反應，真是沒意思」**、「這個人該不會討厭我吧？」的想法。

6 忍受不了一點「空檔（沉默）」

交談時也會有沉默或停頓的空檔。這是因為對方可能正在認真思考目前的話題。或者，由於聽人說話需要注意力，想稍微休息一下。然而，有「沉默恐懼症」的人卻認為必須要填滿這樣的空白，不停找話講。沒有考慮到對方的狀況或心情，像機關槍似地說個不停，可是會讓對方感到疲倦的。

三種思考模式對人生所產生的影響

在我的經驗裡，怯場症者的「思考模式」可以分為三種。」
請用以下清單檢視自己看看。

- □ ❶站在眾人前就會在意起他人目光
- □ ❷覺得其他人都比自己好
- □ ❸認為只有自己會怯場到這種地步
- □ ❹無法對家人或朋友說出自己有怯場症
- □ ❺光是買這本書都覺得很丟臉
- □ ❻一直以來都在逃避自己不擅長的事
- □ ❼不怎麼想準備、練習
- □ ❽想在正式上場那天儘可能用裝病脫逃

❶～❸是自我意識過剩的問題，❹～❺是只想展現自己好的一面、❻～❽則有習慣逃避的傾向。

1 自我意識過剩

就是過度意識「大家都在看我」的人。他們一感到自己受到注視，身體就容易出現無法自在活動之類的症狀。

2 只想表現出好的一面

此類人會覺得「失敗的話怎麼辦？」、「我不想丟臉」、「想讓人看到我很好的一面」。這種思考模式本身並無壞處，但這樣的意識太過強烈時，就會產生過度的緊張。

3 習慣逃避

他們不會去想「我要怎麼傳達我想說的話」，而是想「我要怎麼躲掉」。當逃避成習慣，便很難克服了。

不是很悅耳的話，對吧……順帶一提，**過去的我8項全中！**向家人、職場隱瞞我的怯場問題，也不會去想該怎麼傳達自己的想法，而是糾結於今天聲音又發抖的話怎麼辦……全都是以自我為中心的思考模式。

不是因為怯場症才逃避，而是因為逃避才有了怯場症。後來，我才察覺到這件單純到不行的事。現在，上述任何一項都不會發生在我身上了。

這是因為，我改變了自己對於當眾說話的思考模式。

太過緊張時，會發生什麼事？

當你很緊張時會變得如何？

我的話是心臟跳得很快，然後手腳發抖，正式上台就聲音發抖、破音，我曾經因此很困擾。然後，不知為何一緊張就會流淚，但不是因為難過而哭泣。在我的學生中，也有很多人會這樣。

典型的怯場症狀

- 臉紅
- 眼睛沒有笑意
- 眼神飄移
- 瞳孔更加張大
- 臉部僵硬
- 面無表情

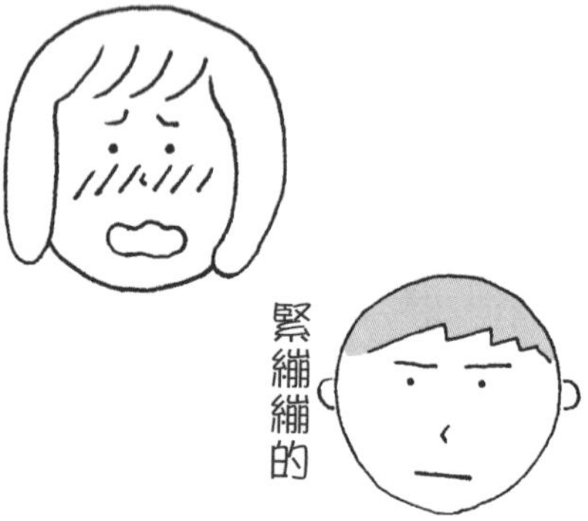

- 話說不出口
- 聲音顫抖、岔音
- 口吃・說話速度變快
- 愈說愈小聲
- 多把「呃～～、
  「那個～～」、
  「不好意思」做為緩衝用語

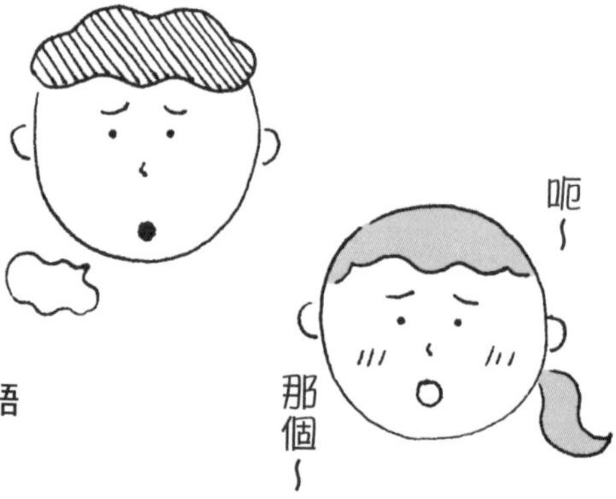

- 手或腳發抖
- 冒冷汗
- 口乾舌燥
- 想吐・胃酸過多逆流
- 腦筋一片空白

另外，也很多人是會臉紅、冒汗、臉部抽筋。

當人類感到不安或恐懼，就會大量分泌「去甲腎上腺素」（noradrenaline）這種神經傳導物質到血液中，刺激於自律神經中的交感神經，造成心跳次數、血壓或體溫急速升高。

身體為了要使體溫下降，就會開始流汗，筋肉也會緊繃起來，而引起發抖；為了能夠抑制消化機能，食慾也會變得低落或是肚子痛。

然而，這些反應絕非壞事。

而是身體進入了戰鬥狀態的徵兆。

比方說，動物為了保護自己，一察覺到危險，就會集中注意周遭動靜，全身緊繃以便迅速行動應付外敵。若沒有這樣的本能，性命立即就會遭遇危險。

人類也是如此。在眾人面前某種程度上也是「危機逼近的狀態」，因此交感神經會活躍反應而提高注意力、身體能力，隨之提升行動。

我們的身體運作得非常好。怯場的症狀並非不正常也不是病，而是會幫助你面對重大場合，支持你的身與心。

確認看看你的「怯場程度」吧！
（儘可能寫得愈具體愈好）

例 聲音顫抖・破音 ➡ 話說到一半，聲音破音、難以呼吸

聲音顫抖・破音 ➡

手抖 ➡

腳抖 ➡

目光 ➡

臉紅、冒汗 ➡

胃痛、想吐、頻尿 ➡

口吃、口齒清晰 ➡

等待時的緊張感 ➡

其他 ➡

一流運動員就是會將這點控制得很好。

我也是，就算現在要我在別人面前發表我也還是會緊張，但我變得能夠享受這份緊張，並將此化為力量。

當交感神經活躍，絕不會對演說的成功造成阻礙。當然，過度緊張並不好，「適度的緊張感」卻能夠提升你的表現。但若以在家那樣過於放鬆的態度來面對，也無法打動人心。

讓我再說一次，重點是「**緊張絕非壞事**」，而且「**適度的緊張能讓你有最棒的發揮**」。

還有，緊張是可以控制的。要訓練自己能夠「控制緊張」，也把目標放在用演說打動聽眾吧！

自覺不擅長全是「過去的經驗」使然

你是從什麼時候開始意識到緊張的呢？

我的話是小學畢業前都還算擅長唸課文，但升上國中後卻突然開始意識到緊張這件事。

像我這樣的人應該不少。有些人的情況則是出社會後，突然變得會怯場。

孩童時期對緊張並沒有概念，大概是在國中到高中這段青春期，自我萌芽、自我意識過剩的時期才會開始意識到，也可說是成為大人的過程裡所發生的自然現象。

我也是由於學生時期唸課文時，手、聲音都在顫抖，才自覺到怯場的問題。

在我的學生中，也有許多人受到這樣的過去經驗影響。

學生時期的心理創傷事例

- ●唸課文時聲音發抖。
- ●直笛考試因為手抖而無法吹奏。
- ●歌唱考試因緊張，聲音根本出不來。
- ●社團活動競賽因為緊張而失敗。
- ●面試時一句話都說不出口。

出社會後的心理創傷事例

- ●無法好好介紹自己。
- ●在開會或研習時無法像自己所想的那樣發言。
- ●在婚禮上致詞時腦筋一片空白。
- ●朝會或上台簡報時詞窮。
- ●端茶水時因手抖，而發出聲響。

●斟酒時因手抖而覺得丟臉。

●高爾夫開球或推球入洞時因身體僵硬，錯誤連連。

像這樣，有各式各樣的契機或場合，只要有過一次失敗經驗，就會造成怯場症。

因過去的失敗經驗，光是想起這件事就覺得緊張、不安（預期性焦慮）。

◀

儘可能想要躲避的心情非常強烈，也不想要準備、練習。

◀

沒有自信，因此預期性焦慮加倍。

◀

身體僵硬，正式上台以失敗收場。

◀

更加自覺不擅長。

難。

這就是所謂的「負面循環」。

對於當眾說話感到棘手或恐懼感一旦深植，想暗自一人解決，可說是非常困難。

而且，更大的問題是，你會因此一直逃避在眾人面前出現，放棄挑戰自己。**倘若反覆逃避，不只會愈來愈加深對當眾說話的負面印象，甚至還會深深厭惡再次逃跑的自己，讓怯場情形惡化。**結果，因兒時的一次失敗經驗，在那之後的幾十年飽受緊張之苦的人相當多。

你所知道的克服方法並不是真正的方法

在我苦於怯場症的十七年裡，我來往於精神科等場所，因此嘗試了各式各樣的療法，但全部都沒效，意志也愈來愈消沉，覺得「果然就算我什麼都試了、錢都花了，我的怯場還是治不好……」。

我的學生幾乎也都體驗過高價的催眠治療或療程。**其中，甚至有人花了一百萬日圓以上……。**

每次他們都跟我說：「要是早點遇到老師就好了……」（我也這麼覺得，真希望能早點遇到你們！）

所謂「經驗很重要」的精神勝利法、「把聽眾當成南瓜就好」這類的都市傳說（?!），還有流傳於街頭巷尾的「克服怯場的方法」，真的有效嗎？

與怯場苦戰了十七年、試過所有方法的我要來談談自身經驗與看法。

1 累積經驗

有一句話叫做「比起學習，更重要是習慣」，意思是「比起透過向他人或書籍學習，反覆練習或累積經驗更能夠記住其中訣竅」。

然而，**就算累積當眾說話的經驗，也不見得就愈不會緊張**。我們可以從經驗當中學習，也能將失敗經驗活用在下次的機會。但重度怯場症者在他人面前會驚慌失措，即使懊悔不已、深切反省，思考為了下次的成功應該要補足些什麼，也不怎麼能客觀看待。

所以，學會當眾說話時的準備方法及基本形式後，再站在他人面前會更有效率。

不管學什麼都是如此，自創畢竟就是自創。若沒有打好基礎，一切都是枉然。

我並不是抱著「讀者只要看這本書就可以能言善道」的心態來寫書，但我會盡力告訴你成功的方法，這是這本書所能做到的事。

讀了這本書、得到了些許勇氣後，希望你能夠付諸行動。

「知道」與「做得到」是兩碼事。

學習、理解，接著反覆練習，自然能夠掌握。

比起「習慣比學習重要」，我更希望大家是「學了之後去習慣」。

「向他人或書籍學習，然後反覆練習、累積經驗」才是最強的。

2 在掌心上寫下「人」字後吞下去

我們常聽到在掌心上寫下「人」字後吞下去，就不會緊張了。但效果如何呢？

這個效果是藉由動動手來讓身體放鬆，或許會讓你在當下比較不會意識到緊張。**可卻猶如唸咒，我不認為這作為緩解緊張的方法是有科學根據的。**

據說這是從「把人給吞下去」的意思而來，所以要寫「人」字之類，已經算是文字遊戲了吧。（笑）

要是這麼做就能放鬆，也稱得上是消除緊張的方法，但我認為只是自我安慰罷了。

在運動員間，常會有人在「比賽當天吃燒肉」、「從左腳開始穿襪子」之類，做些「討吉利」的行為。不過，這是有了奮鬥不懈的努力後才講得通的。沒有好好打基礎或準備的人即使求神拜佛，也不會有效果。

順帶一提，我完全不做討吉利的事。因為只要有做到應該要做的事，這就沒有必要。

另外，由於無法預測面對面的溝通會如何進展，不管怎麼對自己下暗示，都會因一點小事就容易清醒過來，或是一解開暗示就沒了憑藉，變得愈來愈恐慌不安。

我的建議是不要靠唸咒或暗示，從基礎學習「要怎麼做才能善於演說」，然後實踐於生活中。

3 把聽眾當成南瓜

這從以前大家就一直在講，也有人說當成馬鈴薯之類。（笑）我不太曉得為什麼都是蔬菜，可能是被人注視就會覺得緊張，所以要把聽眾想成蔬菜之類的。

真有那麼簡單嗎？那一對一時怎麼辦？立場反過來時，又會如何？自己的先生或太太把你當作南瓜來搭話，你不會覺得不舒服嗎？

我從來不會把來聽我演講的聽眾當作「南瓜」。

若有這種把聽眾想成南瓜的演說技巧，那麼一對一談話時，把對方想作是「理解自己的人、夥伴」來說話，豈不是更好嗎？

當眾會緊張不安的人容易認為**「旁人都是敵人」**、**「大家都想挑我毛病」**，但事實絕非如此。

與其說聽眾有敵對心態，或許更應該說「聽眾根本不怎麼在乎」。（苦笑）

舉些例子，就像你會記得近期出席過的婚禮上的致詞內容嗎？最近一次的聚會上的敬酒致詞呢？演說失敗的人會一直記住這種事，但旁人可以說是完全不會放在心上。

演說就是一場「現場表演」。

相同場面不會再有第二次，同樣內容也不會再說第二次，只限於這個場合。正因如此，更應該要誠心誠意地說話，縱然失敗也沒有關係。

好比歌手記錯歌詞，或是搞錯演奏順序，而現場表演的一切並不會因此搞砸。**因為不會再有相同的情況、台詞發生，意外也是一種「現場表演」的趣味。**

請大家將聽眾視為「聆聽自己說話的重要之人」，用「一生中僅此一次」的心情來說話。看到你這般模樣，聽眾也會成為粉絲吧。

4 告訴自己「不要緊張」

愈是想著「不要緊張」就愈緊張不安的經驗，我想誰都有過。

那麼，現在開始進行實驗。

「請不要去想酸梅」

如何？是不是大腦完整浮現了酸梅的畫面？敏感的人甚至還會感到嘴巴有酸味呢！

接下來，我要向各位介紹代表這類現象的一項研究——「白熊效應」(White Bear Phenomenon)。

這項實驗於一九八七年在美國施行過。將受試者分成三組，並讓他們看五十分鐘的白熊影片。分別告訴A組：「請記住白熊」、B組：「想或不想白熊都無所謂」、C組：「請不要去想白熊」，結果將內容記得最清楚的竟然是C組。

愈要自己不想卻愈揮之不去，這即為心理學所說的「壓抑的反彈效應」。

別硬要自己忘記白熊（緊張），反倒要和緊張和諧相處，打好關係！

因為「緊張」是人生的辛香料，沒有緊張感的人生多麼無聊呀！

5 花上幾天時間把要說的話全部背下來

正式上場前先準備好稿子，我覺得很好。記住演說的內容絕非壞事，但若是「完整背下來」就有點不同了。

「把內容完整背下來」在正式上台時容易會有「絕對不能說錯，一定要完整背完」這樣的錯誤期望。

完整背下演說內容可能釀成「只要說錯一點點就會不安」、「只要一句說不出來，腦袋就會空白，什麼都記不得」的危機。甚至，只要有這種情況發生，就會「再次說回講錯的部分，重複內容」、「演說因為全靠背稿，而沒能傳達原本的心意」多半是像這樣令人感到遺憾的結果。

因此，我的建議是，在尚未習慣時事先寫好稿子練習，但若有與原本寫好的內容不同的表現方式或措辭，或者少講了好幾行都沒關係，就這樣說下去，持續練習。

例如，即使把「個人認為……」說成「我覺得……」也沒有關係，不用逐一重新說過。

因為這對於聽眾來說都是可以接受的。

儘管上下文多少有改變，不小心少講了幾行，都不用在意，就持續講下去。這種事只有撰寫講稿的當事人才知道。

不管怎樣，都要避免「在練習時完全沒出紕漏，正式上場時腦袋卻一片空白」。所以，「不小心脫稿演出」這種經驗也是有必要的。「不小心說了講稿上沒有的話」……這一定是「與那時心情符合的話語」吧。不需為此感到沮喪。請務必優先使用當下的話語，因為這比起前幾天寫的內容更具「新鮮度」。

上述1～5的共通點就是，不需要依賴神明保佑與精神勝利法。

除了在此列舉的方法，還有更多能夠確實消除緊張的方法，我會於下章以後告訴各位。

Chapter

2

不讓氣氛尷尬的談話方式

應對時抱持緊張感是基本商務禮儀

「打仗之前，先要瞭解敵人！」我們在第一章已經徹底認識了「怯場」與「緊張」（雖然緊張並非敵人）。

而在第二章，終於要開始進行說話的「實戰訓練」。

前網球選手松岡修造先生曾說：「緊張就是我們全力以赴的證明。我自己在節目或演講等眾目睽睽下的場合說話時，也像現在這樣非常緊張。手變得冰涼，甚至聽得到自己的心跳。不過，我並不討厭緊張的狀態。之所以會極度緊張，是『想要好好傳達這份心意』、『這場比賽我絕對要贏』的意圖相當強烈使然。

如果隨便應付，是不會感到緊張的吧。光是緊張這點，就是自己全力以赴的證明，所以不該覺得不安，想著『好緊張，怎麼辦』，反而要想著『愈來愈緊張了，好！拚了！』來為自己打氣，這樣心情也會好起來。」

——出自《松岡修造讓人堅強活著的八十三句話》（Ascom 出版）

我每天都要在許多人面前上台，在適度的緊張中說話。

若採訪者或與我一同開會的人沒有半點緊張感，而且說話冗長，我就會覺得「再也不想和這樣的人一起工作」。

在商業場合上有緊張感並非壞事，而是必要的。因為**這證明了，你以認真且誠摯的態度對待對方及這份工作。**

創作歌手矢澤永吉先生也是如此，聽說他在舉辦演唱會的前一天會緊張到睡不著覺。

然而，**帶著緊張感在眾人面前表達，與「因為怯場而說話內容雜亂無章，腦袋一片空白」是兩回事。**

尤其是商業場合，由於對方是抽空聽你講話，所以必須要掌握「適合在公共場合說話的技巧」。在這章，我將會傳授你這項技巧。

跟這樣的人說話心情就會很好！

試想看看，你周遭那些你覺得跟他說話心情就會很好的人、令人感覺舒服、值得信賴的人和說話得體的人。

- 表情豐富。
- 富有肢體語言。
- 發聲、發音明瞭易懂。
- 說話速度剛剛好。
- 說話有節奏，富有魅力。
- 有適當的停頓。
- 懂得與聽者四目相交。
- 懂得觀察聽者的反應。

●懂得看氣氛，時而搞笑、時而即興發揮。

這就是會意識到話題內容、聽眾、要如何傳達，並且能夠享受與聽眾交流的樂趣的人。

然後，反過來想想那些你覺得跟他在一起時，很難聊的人、想要趕快結束對話的人、無法放心交付他工作或其他事的人。

- 面無表情，沒有感情。
- 身體僵硬，做很多不必要的動作。
- 說話聲音太小，很難聽清楚。
- 講話快到很難聽懂。
- 說話沒有抑揚頓挫，很容易聽膩。
- 沒有適當的停頓。
- 不會跟聽者有目光接觸。

● 不會觀察聽者反應。
● 不擅長察顏觀色，無法依場合來即興發揮。
● 每次被問到問題就先陷入沉默的思索。

這種就是只考慮到自己，以自我為中心說話的人。

不管什麼樣的演說或交談，一定都有對象。「能言善道」、「說話有趣」固然重要，但既然有了對象，就會有在他人面前說話時，務必要先掌握的基本守則。

任何交談都是「三分鐘定天下」

一般來說，人類可以集中注意力、忍耐的極限是「三分鐘」。

拳擊一回合是三分鐘，等待杯麵的時間則是三到四分鐘，而電視廣告多為十五秒或三十秒一則。尤其是現代人，很難花更長的時間去聽或看自己沒有興趣的內容或影片。

反過來說，**能夠用三分鐘時間好好演說的人，就能給人「很會說話」的印象。**

無論一般聊天或商業會談，三分鐘左右是很適合持續某個話題的長度。就像新聞也不會長時間報導同個主題，如果老是重複一樣話題，豈不是很無趣嗎？

不擅長交流的人容易認為「必須要一直講話」，但換個方式想想，「**用三分鐘構成談話**」如何？

若能限制在三分鐘，不管是十分鐘的閒聊或一個鐘頭的會議，三個話題各自聊個三分鐘，或是細分成二十個話題就可以了。

也就是說，就算在某個地方卡住，只要用別的話題救回即可，這樣想就不會感到焦躁了。

用十分、三十分、一個小時這麼長的時間單位來思考，才會令人覺得厭煩。

更進一步說，交談就是抛接球，而三分鐘的話，球在你手裡的時間也不過是一分半鐘。光是這樣思考，就能讓過度害怕談話時的沉默，而覺得「必須說點什麼才好」的焦慮感消失無蹤。

以下介紹我的教室常用的訓練法。

「現在開始，請在大家面前說出自己喜歡的事物。當你覺得已經說了一分鐘時，就請停止話題。」

由於我的學生都正在接受訓練，大家竟然都能在五十五到五十八秒左右停止。這已經是很完美的計算了！當然，我們都沒有使用時鐘之類的計時器。

因為是用身體感受「一分鐘的長度」、「在三分鐘的演說中可以加入什麼程度的內容」，就算遇上令人緊張的場合，時鐘還是能夠正確牢記時間。

那完全沒有受過訓練的人，做同樣的事情會怎麼樣呢？

很不可思議地，很少人說不到一分鐘，大部分都會超過，明明先說過一分鐘就好，有些人甚至會說到兩三分鐘。

或許你會覺得很意外，**但說自己會怯場、不擅言詞者比較會有說話冗長的傾向**。這是由於他們說話不懂收尾，也不知道自己在說什麼，而失去了對時間的感覺。

聽著冗長又沒條理的話是很痛苦的事（大家都有過這樣的經驗吧……）。

而當別人覺得「可不可以快點講完啊……」時，你就出局了！

所謂「交談」，就是有對象才得以成立。這重點是「你正在拿走對方的時間」。即使緊張、即使聲音多少有點顫抖，也都不會造成對方困擾。但讓人摸不著頭緒的內容、繞圈子的冗言就是帶給他人困擾的行為了。而且又不能中途打斷，旁人都會感到不知如何是好。

說話冗長又沒有條理的人，請學習說話的「形式」吧。光是改變說話的架構，就能馬上變得能言善道！

「簡短易懂」是對話的最佳平衡

所謂很會說話的人，就是能夠在短時間內簡潔有力地表達自己該傳達的事。

為此，重點如下所示。

1 明白目的

明白是為了誰、為了什麼而說，就不會有與場合不符的發言。

2 愈簡短愈好

自我介紹或朝會演說，長度建議一分鐘就好；敬酒致詞則是三十秒就行了。

由於聽眾站著又舉著酒杯，要是看到啤酒泡泡逐漸消失，就會愈來愈焦躁。再也沒比這個更讓人感到難過的事了。（苦笑）

請考量到聽者以及周遭情況、立場。如沒有指定時間，演說請控制在3分鐘以內，否則只會令人感到冗長。

3 說話簡潔明瞭

對聽眾來說，聽著冗長乏味的演說是相當痛苦的。請儘量以簡短的句子發言吧！

確定了5W1H再開口，腦海中就能更容易浮現情境，這和工作上的報告、聯絡、討論是一樣的，要是無法簡短傳達，上司就會斥責你「所以結論是什麼」、「說重點！」

※5W1H就是：Who（誰）、What（什麼）、When（何時）、Where（何地）、Why（為何）、How（如何）。

4 集中說一件事（一個主題）就好

當這個也說、那個也談，演說便無法打動人心。

即使是日常聊天，也要意識到對話要一來一往，別顧著把話一次說完。

懂得說話的人不會把焦點放在隱藏自身的緊張，而是會在乎自己是否有時常站在聽者的立場，說出簡短易懂的內容。

每分鐘說兩百字左右剛剛好

怯場症者一不注意說話速度就會變快，即使和他說「慢慢講」，還是有很多人不知道要說多少話，才能夠予對方好印象。

一般來說，新聞主播的說話速度是一分鐘唸完將近一張稿子（三百字左右）。因為新聞需要傳遞許多正確資訊，主播每一天都會進行讓人更容易聽懂自己說話的發音或口齒訓練。

如果是一般人用這種速度說話，旁人會稍微聽不大懂。而以演講來說，也會讓人覺得聽起來「有點快」。因此總結上，在演說時每分鐘兩百字的程度，三分鐘的演說便會是六百字左右。

也就是比起主播說話的速度，更有停頓且從容地說話的感覺。

另外，演說空間愈大，透過麥克風講話就愈容易有回音，所以要將說話速度放得更慢，感覺像是音樂廳裡的廣播那樣。

「各位來賓早安，我的名字是鳥谷朝代，目前服務於一般社團法人克服怯場協會。敝協會以『讓全日本不再有人為怯場症所苦』為使命，我們在全國各地都有舉辦演講活動。希望今天也可以和大家一起快樂學習，還請各位多多指教！」

這樣約一百字，在稿紙上也僅有兩三行。

簡短的自我介紹或打招呼，敬酒致詞約三十秒左右就很足夠，以這樣程度的字數就可以了。

不過，像是「欸」、「那個」之類的口頭禪，或「突然要上台致詞，真是沒想到……」這類**沒有必要的客套話或藉口，由於會浪費字數**，請千萬避免！

相反地，在稍微介紹自己或打招呼時，只說名字或「請多指教」，便浪費了難得的演說機會，至少說個兩三行左右的話吧。

只要有「三分鐘的話題」，就能馬上進入狀況

如前述，對話因為有對象才得以成立，也是「話語的拋接球遊戲」。**單方面一直發言就猶如「跟牆壁對打」**，而如果沒有順著對方的話給出回應，對方也會懷疑「你有在聽嗎？」

接到對方拋過來的球後，要是不馬上丟回去，交談的節奏就會亂掉。因此，突然受託演講、向初次見面的人介紹自己或和客人閒聊時，先好「可以馬上丟出去的簡短話題」是很重要的。

這是隨時隨地、任誰都能使用的交談題材。

儘量把想到的事、相關句子、小故事等等寫下來，將其做為演説題材，事先預備好。

不限於現在的事，也能以過去↓現在↓未來的時間軸拓展，擴大故事的範圍。

想想看不管何時都能夠丟出的「簡短話題」

關於性格

喜歡的食物、討厭的食物 →

最近熱衷的事情 →

休假日都怎麼過 →

興趣、特殊技能 →

小時候的夢想 →

喜歡的藝人 →

學生時代的回憶 →

目前為止買過最貴的東西 →

養生、消除壓力的方法 →

喜歡的電影 →

喜歡的書 →

最近讓你開心的事 →

最近讓你難過的事 →

自己的優缺點 →

能帶給你能量的地方 →

聊聊家人 →

喜歡的異性類型 →

如果彩券中了100萬的話 →

只能實現一個願望的話，會是什麼？ →

「其實我是〇〇」 →

初戀的小故事 →

旅行的回憶 →

關於現在住的地方

你會把哪三樣東西帶去無人島

尊敬的人

座右銘是什麼

關於季節

喜歡的季節

對於下雨天（或下雪天）的回憶

連續假期（或寒暑假之類）怎麼過

連續假期（或寒暑假之類）的回憶

聖誕節、情人節的回憶

對於你而言，「〇〇之秋」是什麼

回顧這一年

今年的目標

關於時事或新聞

經濟相關

災害相關

環境問題相關

體育相關

透過這樣的步驟，能夠讓想傳達的內容獲得整理、更加明確。這也會變成只有你能講、有你自身風格的演說題材。

尋找話題的重點是：

1 廣泛關注周圍的事，時常張開天線接收事物。

有些人覺得「想不到話題」，但在我們的生活裡俯拾皆是。如果只預備自己在乎的事物，在演說或聊天時能使用的題材就會受到限制。請廣泛地蒐集資訊吧！

2 一有覺得能夠當作演講題材的事物，馬上做筆記。

我建議大家寫些有人會閱讀的文章，也就是每天用部落格或臉書發文。以「讓別人看」為前提來寫文章，自然就會展開對話。

3 讓對方感到「有興趣」、「想關注」，引起「共鳴」、「感動」就是演講成功的祕訣。

像是對年長的男性上司，可以聊相撲或棒球之類的話題。只要將自己周遭的人的年齡納入考量，聊著聊著就會找到聊得開的話題。

而如果聊對方完全沒興趣的話題，交談就無法順暢進行。

有親切感、訴諸需求的事物（如：健康、美或食物等等），會吸引大多數男女老少的興趣。

像這樣蒐集聊天的題材、掌握聽者狀況，不自顧自說話是非常重要的。

沒有意識到確切的起承轉合

故事的構成很常使用到「起承轉合」。

而所謂「起承轉合」就是——

「起」▼ **帶入**

「承」▼ **從起到轉的連結**

「轉」▼**核心內容**
「合」▼**結論（收尾）**

這是小說或電影、連續劇的劇本之類時常使用的手法，但如果想用這個原則規劃兩三分鐘的短講，每個部分只能說三十到四十秒，會感覺內容很貧乏。

因此，在短講中常使用的是「**三段架構**」，也就是「序論、本論、結論」。

「序論」▼**打招呼、自我介紹、主題**
「本論」▼**具體的內容**
「結論」▼**結語**

以「謝師宴的演說」為例，來看看具體如何進行！

1 序論

「大家好，非常感謝各位家長今天在百忙之中，抽空前來這場謝師宴。我是〇〇〇的媽媽，〇〇〇。

托老師、各位家長的福氣，才能夠舉辦一場那麼美好的謝師宴，我打從心底感謝大家。

還請讓我在這邊向大家致上誠摯的謝意。」

2 本論

「在之前的畢業典禮上，我看到孩子們領取畢業證書的出色模樣，從開始上學到現在的每一天，就像是跑馬燈一樣在我的腦海中浮現。

像是運動會、成果發表會、遠足、校外教學……身為家長雖有擔心或不安，但我想，這六年來因孩子們的成長與笑容，給了我勇氣。

對孩子們而言，在這間學校度過的日子，是無可取代的珍貴回憶。」

3 結論

「在致詞的最後，我要特別感謝校長先生以及老師，他們總是熱心給予我們指導。還有，能夠舉辦今天這場謝師宴，也多虧了各位家長的賣力支持，感謝大家為了這場謝師宴盡心盡力。真的非常感謝各位的協助，謝謝！」

順帶一提，這個演講約三百多字，也就是只佔半張稿紙的分量。一分鐘的演說大約兩百字，因此這個演說約有一分半。

如果時間是三分鐘，就延長本論的部分，加入更為具體的小故事即可。

說到「三分鐘的寒暄致詞」，感覺難度很高，但先用三段構成的技巧大致建立起架構，配合演說時間增減，就能輕鬆組成演說了。

能言善道者懂得說話的「形式」

在短講中還可使用接下來的幾種內容組成方式。

容易怯場的人會容易想臨機應變地組織談話內容，卻反而讓內容雜亂無章。

在商務會談、面試等場合，發言冗長是禁忌。習慣在自己預備的話題上套好「形式」，就不用擔心說話順序會有問題，也能好好將想法傳達給對方。正是如此，說話得體的人才會給人「很會做事」的印象。

條列式

一開始就提到接下來要闡述的項目，再加以說明。

優點 能讓人覺得你所說的內容有加以整理過。

範例一

我喜歡的運動是高爾夫球，理由有三。
第一是我可以像玩遊戲般享受其中，又能活動身體。
其次，是能夠與大自然接觸。
最後，當打出好球時，我就覺得很痛快，能夠消除平日的壓力。

範例二

電動汽車的優點大致分為以下兩點。

第一是相當划算。電動汽車的電費僅為汽油費用的九分之一，能量轉換效率卻將近汽油車的三倍。

第二是相當環保。電動汽車在行駛時的排放量低，能夠讓地球遠離空氣汙染及暖化。

時態順列法

以事情發生的順序描述。

優點 有故事性，也能給人持之以恆的正面印象。

範例一

我喜歡的運動是高爾夫球。

第一次去打高爾夫是高中時期。

由於家父也喜歡這項運動，我們時常會在一起比個幾局。

出社會後的我，現在則享受於與工作夥伴一個月一次的球聚。

範例二

電動汽車早在一八三〇年代就有了原型，英國則於一八七三年製作出第一台具實用性的電動汽車。

汽車的原型則在一八七〇年代誕生，因此電動汽車問世的時間其實更早。

然而，隨著汽車技術發展，當汽油引擎成了主流，電動汽車的身影便消失無蹤。

電動汽車真正復活是在一九九〇年代，針對汽油排氣量等環境問題，各個汽車製造商開始著手研發。

二〇一〇年起向一般大眾販售，對環境友善的車子應該會愈來愈普及吧。

PREP法

此方法是以重點（Point）、理由（Reason）、範例（Example）、重點（Point）的順序來表達。

優點 由於理由明確，能給人說話合乎邏輯的印象。

範例一

我喜歡的運動是高爾夫球。為什麼呢？因為這令我樂此不疲。我不擅長跑步或游泳這類悶著做的運動，馬上就會膩了。這就是為什麼我最喜歡高爾夫的原因。

範例二

電動汽車的優點是划算。

電動汽車的電費是汽油費用的九分之一，能量轉換效率卻將近汽油車的三倍。平均一天行駛距離為三十公里的話，一年大約可以走一萬公里，電費大約兩萬日圓。與汽油車相較，一年大約能省下十一萬日圓以上的燃料費（電費）。

因此，電動汽車堪稱經濟實惠，又對家計不會有負擔的商品。

另外，我也很推薦以「**二段構成**」的技巧來設定一分鐘的短講內容。

小故事▼結論（結幕法）

先說明，最後再闡述結論的手法。

優點 建議在對象對接下來的內容有興趣時使用。最後就能夠收尾，讓內容產生故事性。

範例 都怪我過年期間暴飲暴食，體重增加了五公斤。心念一轉想說要開始節食，最近也開始去健身房運動了！

結論▼原因（漸降法）

先說結論，再說原因或過程的手法。

優點 能給人合乎邏輯、合情合理的印象。

範例

我最近開始去健身房運動了，主要是為了節食與管理健康。

結幕法的開場白部分因為比較長，通常用在沒有避諱的對談。若為商業場合，通常會要求從結論開始講，所以偏好使用漸降法。

舉個容易明瞭的比喻，我的孩子目前在讀幼稚園，**和幼稚園其他媽媽的聊天會使用結幕法，而商務會談則常使用漸降法。**

與媽媽們的交談，要是以「結論↓原因，好！說完了！」來進行，可能會被認為是作風很強硬的媽媽吧。（笑）

不管何種方法都有利弊，依情況或對象分開使用就好。

只要縮減開場白，就能瞬間給人好印象

在聚會等場合上輪流自我介紹或打招呼時，一定有人會謙虛地開場。

例如：「我最近身體不大好，沒有自信能講好……」、「工作忙到沒辦法好好準備，所以沒什麼自信……」

這就是「**為自己不擅演說找藉口**」，但聽者正想要聽你說話呢！無關演說技巧優劣，而是你應該要真心誠意地面對聽者，全力以赴。

如果今天是我這樣說呢？

「昨晚喝太多酒睡眠不足，所以我今天沒辦法好好上課……」

不、不！這我死也不會說的！對於來上課的同學而言太失禮了。

「因為寫書太忙，沒什麼時間準備，我對內容沒什麼信心……」

不對吧，寫書太忙跟現場聽眾一點關係也沒有！我這樣的話明天起肯定沒工作了！（苦笑）

談話者的自身狀況與聽者無關。

為了要聽你演講，大家都抽空前來。

「我不夠好」的表現或許是日本人獨特的「謙虛美學」。然而，會議或聚會時間有限，比起用「不夠好」的謙虛或開場白浪費時間，考量聽者狀況馬上進入正題，才是絕對明智的做法。

我認為，在有限的時間內直接傳達想要說的內容，也是一門「美學」！

愈是不準備講稿，內容就愈沒有條理

你每次知道自己要上台演說時，都會事先做好準備嗎？

詢問「上台演說每次都不順利」的人：「你有為演說做了什麼樣的準備或練習嗎？」得到的回答是：「嗯……我都當天才會去想要說些什麼……」

不擅長說話的人裡面，似乎偏偏有很多人是不做準備的。

這麼說來，我以前也是這樣……腦袋只想著逃避，沒有想到要去練習。

努力克服怯場症的這十二年，說來老套，但我認為準備或練習非常重要。我絕不是在說，單靠毅力或精神勝利法就能治好怯場。然而，「練習不會背叛你」這句話是沒有錯的。

我光看會員們練習的模樣，就知道他們在正式上場時會不會成功（但我不是算命仙，也不是靈媒……）。之所以會這麼說，**是因為「我有準備，所以沒問題」、「我已經練習到這種地步，會很順利的！」的自信，確實能減輕不安、抑制怯場。**

自信就是「相信自己」，能否相信自己則取決於這個準備階段。

尚未習慣的人可能會以沒有計劃、隨隨便便的態度演說。但上台並非易事，已經事先知道要在眾人面前說話，或是更為公開的場合，還是建議各位要寫講稿。

本協會的講座也有撰寫講稿的訓練，然而還是會有人認為：「準備講稿，當腦筋一片空白時就慘了，我才不想準備講稿」、「照稿唸很單調，所以到那時再邊想邊說吧。」

如同我在第一章所提，我並不是建議大家要完整背下講稿，或是照本宣科地唸出來。

相反地，完全沒有必要照著講稿演說。

「準備」並不等於「一字不漏地照稿演說」。

撰寫講稿是為了整理並歸納自己的看法或想說的內容。

腦袋與收納一樣，如果沒經過整理，是沒辦法馬上侃侃而談的。

就算難得有好題材，當你無法從記憶中順利擷取、沒辦法立即用於演說，便會不禁手忙腳亂起來。不過，若是先把東西整理過一次再放入腦袋，也會減少無話可說或是離題的情況。

縱然是無法準備講稿的場合，也就是所謂的「即席演講」，其實也能有所準備。

由於「演說力＝文章組成力」，透過部落格之類的平台，練習將自己想要傳達的事物以簡單易懂方式呈現，我認為是每天都能執行的演說練習好對策。

工作上需要向他人傳遞訊息的人，如演員或我們這些講師等，大部分都會這麼做。

我當了十二年的說話老師，就算因感冒而臥病在床，也仍會不間斷地在部落格或臉書上寫東西（感冒也是個題材）。

一旦你會想「每天都發表些東西」，即使是微不足道的小事，你也會去注意，並且均衡地進行吸收與傳遞。

若說「**演說力有五成要靠文章組成力**」，一點也不為過。最好從日常生活中，練習把自身想法、想要傳達的事物用簡潔易瞭的方式表現出來。

為了蒐集說話題材與提升文章力，請務必在平常試試「書寫練習」。

在事前準備下工夫，正式上台就不慌亂

即使內容粗略也沒有關係，我們就從撰寫講稿開始準備。

主題（題目）↓

目的（為了什麼）↓

聽眾（講給誰聽、有多少人）↓

時間（做為基準）↓

那麼，就來實際寫寫看講稿吧！

由於講稿並不是為了完整背下或朗讀而寫，沒有必要一字一句仔細撰寫。只要寫出關鍵字或重點就可以了。

如果寫得白話點會比較放心也沒有關係，只須留意句子切勿過長。

寫完後唸出聲音練習，並計算整篇演說的時間。

可以的話就唸給別人聽，請聽者給予客觀建議。若有讓人聽不懂的地方，就請改善。

Chapter

3

改變聲音與姿勢能紓緩緊張感

觀察自己「說話時的模樣」

為了讓演說成功，我希望你一定要仔細「排練」。很多人從來都沒有排練過吧（我以前也是這樣……）。但我還是覺得「準備占八成，正式上場占二成」。**我建議儘可能照正式上場時的規格排練，看是要站著或坐著發表，以及有無講台之類。**

就算我現在接到大型會場的司儀或演講工作，也一定會想像正式上場的模樣來進行排練。而若要手拿資料或麥克風、雷射筆等演說時，也儘可能在和正式上場相同的狀況下練習。

握麥克風時不要死命握住，請像握雞蛋那樣輕柔握住，並儘量讓左右手都習慣握麥克風，這樣翻閱資料時就不會顯得慌亂。

再來，我建議各位「**錄下自己演說的樣子**」。

你曾經客觀觀察過自己當眾說話的模樣嗎？可以的話，應該是「不想看、不想聽、不想知道」吧……。

我很清楚！我也曾經如此。不過，就像我們想要節食、改善肌膚時，首先都會確認體態或膚質吧？要是沒有客觀觀察，就不會知道哪裡應該要改善。別感到抗拒，錄下影片好好觀察自己的模樣吧！

觀看影片時，重點在於「**不要看作是自己，而是要看成其他也會感到緊張的人**」。

怯場症者因長年的煩惱而無法客觀地判斷自己，也會不自覺戴上「反正我就是很糟、很丟臉」的眼鏡來看待自己。

但當你試著把自己看成其他人時，就會發生不可思議的變化。你會發現「其實自己看起來跟平常一樣，看不出來很緊張」。

我在課堂上也會錄下學生們的演說，檢討優缺點以及應修正之處。毫無疑問，大家第一句都是：「真的耶！我明明整個人都很緊繃，但這樣一看，其實看不出來我很緊張呢！」

由於怯場的症狀是在體內發生，並不會像自己所想的那樣表現於外。就好比隔壁的人體溫與心跳升高，但外觀卻看不出來吧。

會大幅左右人們印象的是「視覺情報」，因此人們更會去注意姿勢或表情、視線、手部的習慣動作等等。

排練時儘量不要只有自己練，也讓別人看看，或請他人給予建議。

「客觀看待演說」是非常重要的！當我接到司儀之類的工作，也一定會請工作人員或會員看我排練。

自從我得到客觀的建議後，就不曾失敗過！

起初要看自己演說的影片感覺真的很怪，但我現在已經很習慣了。

為了來聽演說的人們，將事先能做到的事全部都做到後，就來面對正式上場吧！

持續「這樣」下去，就愈容易怯場

我不用聽學生的演說與說話方式，光是看他的模樣，就能知道造成他怯場的原因。

請容我囉嗦一句，我並不是靈媒（笑）。

到目前為止，我見過超過一萬四千名有怯場症的人，大家同樣都是「容易怯場的體質」。

所謂「容易怯場的體質」如下：

1　身體緊繃僵硬

談到是「因為怯場，所以身體變得僵硬」，還是「因為身體僵硬才怯場」的問題，我認為兩者皆對。

反過來看，身體柔軟有彈性的人，說話方式也是柔軟且具張力。

大部分的怯場症者因時常使力於脖子或肩膀、背部導致身體緊繃。當上半身的肌肉一緊繃，就會出現如難以出聲、表情生硬等等症狀。

若是持續這樣的緊張狀態，便會導致肩頸僵硬或頭痛等身體不適。

2 姿勢不良

不擅長在他人面前說話的人，幾乎都因駝背而上身前傾。

打電腦或滑手機也會有影響，但我認為「在他人面前沒有自信」也是其中的一個原因。

而姿勢不良不但容易怯場，還會看起來沒什麼自信。

3 呼吸淺而快

一緊張起來，我們的呼吸就會變得淺而快，有時還會感到呼吸困難。

緊張時，自律神經中的交感神經會處於活躍狀態，這是「察覺到危險而有所防備」的狀態，所以呼吸下意識會變得淺而快，以便儘快閉氣來應付險境。

4 發聲薄弱

克服怯場症協會的會員最為苦惱的就是「聲音顫抖」、「破音」。另外，也有人是一在他人面前發表，說話聲音就愈來愈小。這些是由於「發聲薄弱」所造成。內容再怎麼好的演說或簡報，一旦發表者說話音量小，就會看起來沒有自信。

5 口齒不清

我想，許多人應該有在與他人交談或用電話溝通時，常被對方重複詢問好幾次的經驗。

所謂的「口齒」，就是「咬字發音時，舌頭或嘴巴的活動」。而當口齒不清，對方就聽不清楚我們在說什麼。

人一旦緊張，負責說話的肌肉僵硬，嘴巴或舌頭的活動也會變得不協調，因此會比平常更加口齒不清。

放鬆僵硬身體的伸展操

怯場症者大部分身體都很緊繃僵硬，尤其是上半身。一摸肩膀或背部，就會知道這些部位使了多餘的力。

還有臉部肌肉也很僵硬，請他們試著笑笑看，幾乎所有人的臉部都在抽動。由於長期的緊張，導致臉或頸肩總是出力而沒有放鬆。

身體僵硬便無法自在行動，重要時刻無法出聲，就會更容易緊張起來。

伸展操能有效幫助肌肉放鬆，防止這類情況發生。

放鬆了僵硬的肌肉，也會更容易發出聲音，有助於緩解正式上場時的緊張。

每天做一點點也好，一起來做伸展操吧！

當你感到緊張或有壓力，位於眉毛的皺眉肌，或是在脖子到肩膀、背部之間的斜方肌就會僵硬。

放鬆全身肌肉的伸展操

1 轉動肩膀

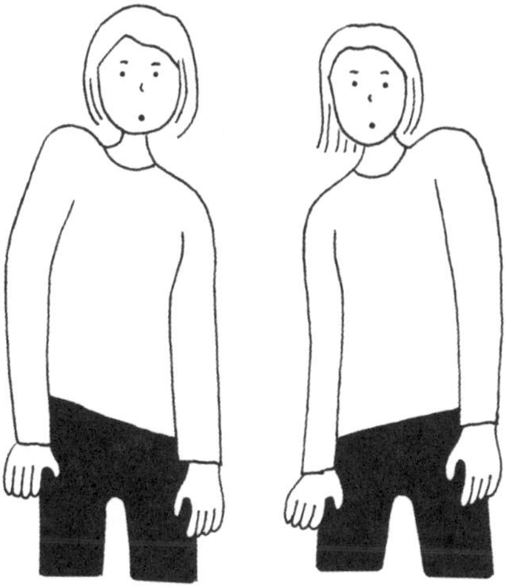

雙臂放下，兩肩輪流由前往後轉動數次。
接著，再由後往前轉動數次。

2 雙手交扣

右肘彎曲，放到背後，左手去抓右手。
左右手輪流進行。

3 合掌

背打直，雙手放於腰後，在腰部附近的位置合掌。這時，注意不要聳肩。

4 伸展手臂

右手往左邊伸直，左手在右肘稍微偏右腕的地方夾起，將右手往左側帶，停個幾秒。
換到左手，進行同樣動作。

解決手腳發抖！「頸腕踝紓緩體操」

手腳發抖的人為了要抑制發抖，就會更加使勁，但這會造成反效果。一定要讓肌肉放鬆才行。

在正式上場前，請試著做做看「頸腕踝紓緩體操」。

當頸部僵硬，聲音就會顫抖；而手腕、腳腕一僵硬，手腳則會發抖。手會發抖的人專注在手腕、腳會發抖的人就是腳踝，聲音會發抖的人就是頸部……像這樣，**將你所在意會發抖的部位重點式地慢慢轉動、晃動看看。**

當我拿著麥克風說話，若感到手快要顫抖時，就會做這個伸展操。在等待上場前，不管在哪裡都能做。開始覺得緊張不安時，就請試著做做看。

如果因緊張而難以放鬆，就毫不保留地全身使勁（五到十秒），然後再一口氣放鬆。

頸腕踝紓緩體操

1 頸部

頸部往右慢慢轉兩圈，
然後往左慢慢轉兩圈。

2 手腕

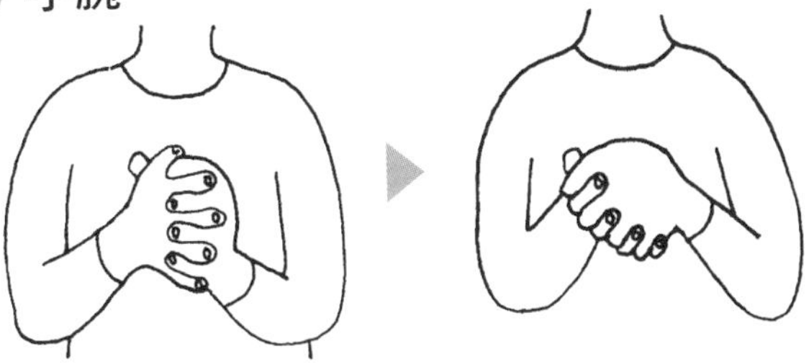

雙手交握，轉動腕部，建議轉個五到六次。

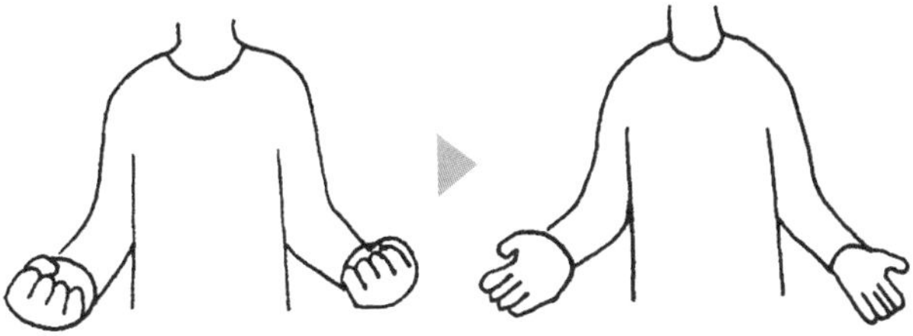

雙手用力握拳，再一口氣放鬆，打開手掌。建議反覆做這個動作五到六次。

3 腳踝

（左）輕輕抬起右腳，抖動足部，甩掉多餘的力量。左腳也是如此。建議各做一到兩次。

（右）浮起右腳腳跟，以腳尖作為支點，轉動腳踝。左腳也是如此。做到雙腳放鬆為止。

反覆進行這個動作，就會愈來愈放鬆。這個方法稱作「放鬆肌肉法」。

當緊張而身體僵硬時，請試著做幾次看看。

在意表情僵硬的人請試著做「**五秒鬼臉**」。

臉部肌肉往中心用力集中，維持五秒，然後一口氣放鬆。

這個伸展操在即將上台前也可以做，請務必參考！

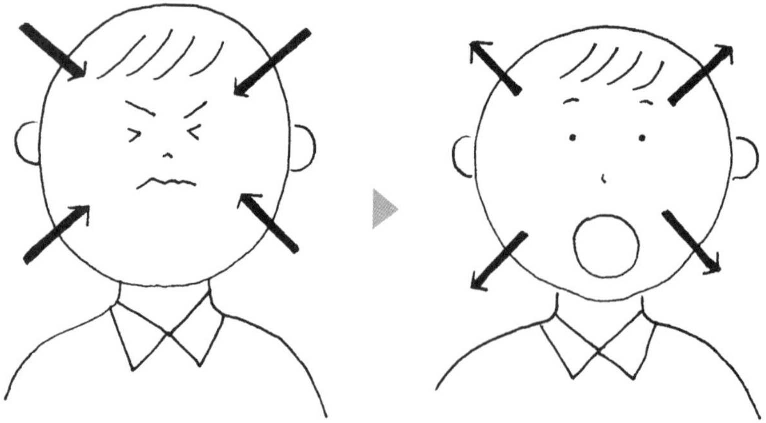

瞬間改善不良姿勢的「貼牆站立」

在授課時，不管學生站著或坐著，我時常會去確認他們的姿勢。如有必要，便會加以調整。

這是因為，容易怯場的其中一個原因就是「姿勢不良」。

在說話之前，身體就已經僵硬蜷縮了。

心理與生理有著密切關聯。「上身前傾，腰往後拉，造成緊張不安」，或「由於緊張而上身前傾，腰往後拉」都是「負面的加乘作用」。

如果姿勢不良，大腦就會判斷「我就是無法在他人面前坦蕩行動的人」。但正因為在他人面前會感到緊張，更要挺起胸膛，擺出堂堂正正的姿勢。

再者，駝背或圓肩會使呼吸困難，因此姿勢不良者平時就要留意自身姿勢。

以下，我要來介紹瞬間就能矯正姿勢的「貼牆站立」。

用貼牆站立來
檢視自己的姿勢吧！

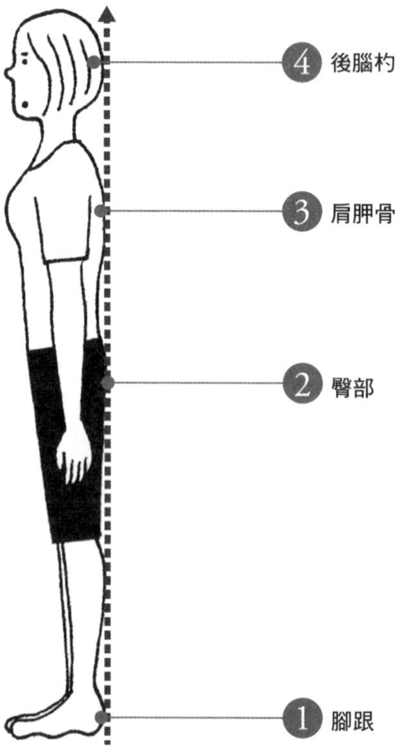

1 首先什麼都不用在意，就跟平常一樣站著就好。

2 接著，將腳跟、屁股、背部、後腦杓貼著牆壁站著看看。從側邊看來，自後腦杓到腳跟呈一直線，就是正確姿勢。

3 然後，保持這個狀態往前走一步看看。應該就能夠感受到平常上身有多麼前傾。

4 記住這個姿勢，並且隨時留意。

不再害怕他人目光的視線方向

每天都要在眾人面前演說，是我的處境。

雖是「要給人看」的工作，但我並沒有抱持著「大家在看我」的感覺，反倒是以**「看著來聽課的學生」**的態度來面對。

做筆記、滑手機、漫不經心……這些模樣我全收入眼底。但要是我抱持著「大家在看我」的態度，便難以察覺到這些事情了。

另一方面，我也有非常緊張的時候。例如，上課時有媒體採訪，光是一台電視台的攝影機進駐，我在當下便會用「被拍」、「被看」的立場來看待事物。

還有，邀請我去演講的機構或主辦者來視察時，我也會如此。

在乎他人對自己的評價，就會立刻強烈感到「大家在看我」。然而，就是在這樣的時刻，才更要控制視線。

好好抬起頭、挺起胸膛，眼睛看向四周。

聽眾的臉當然不用說，就連室內的模樣、窗外的景色，我都會好好看著，放在心上。就好比將目光和聲音投向坐在最後一排的聽眾或對面的牆的感覺。

我的視線絕對不會往下或飄移不定。倘若移開視線，「確切看著並掌握對象」的意識馬上就會淡化。

當你看不清楚對方的模樣與形體、不知道對方是何方神聖，又一面想要對方理解接下來的內容，一面說話，只會徒增恐懼。

來我這裡上課的學生常說：「我害怕對上別人的眼睛，所以老是只看著麥克風講話」、「我會用資料（或者電腦）遮住自己的臉……」但這完全是反效果！

和開車一樣，新手就只看附近的風景，但視野要保持寬廣才是安全的。

讓身體與視線擴展到一百八十度，不斷環顧聽眾全體吧！

另外，也有人會說：「被人盯著好可怕，至今我都拿掉眼鏡（或隱形眼鏡）站在他人面前」。我懂你的心情，但這樣很危險！

在看不到人們表情、室內情況的狀態下，就上台演說，堪比在大霧之中開車那樣，太過莽撞了，千萬別這麼做！

上台時，請保持視野寬闊，環顧四周，放鬆進行對話吧！**請確切掌握住聽眾的表情以及反應。**只要有意識地做到這點，就能依據周遭反應隨機應變地說話。

讓人一次就印象深刻的視覺之手

前陣子在二〇二〇年奧運的申辦活動上，讓許多人印象最為深刻的應該就是瀧川克莉絲汀小姐所演說的「真誠款待」吧。

內容很好就不提了，在瀧川小姐說出「真．誠．款．待」時，那讓人聯想到花蕾的手勢，以及最後如合掌參拜般的一禮，成了熱門話題。

那正是「視覺之手」。所謂「視覺之手」，是指**配合說話的內容做出手勢，訴諸視覺的方式**。

這場演說要是少了手勢，單靠言語傳達，可能就不會讓人如此印象深刻了吧。

聽說，知名的「Japanet Takata」前社長高田明，也會在介紹商品前排練好幾次肢體語言。

這個將商品舉至靠近臉部的方法，其實是經過盤算的。

把商品舉至靠近臉部，搭配嘴部動作，並做出手勢，**就會加深話語的說服力，也容易傳達商品的魅力**。

蘋果創辦人賈伯斯其具代表性的服裝與肢體語言，在台上來回走動的模樣令人印象深刻。

這告訴我們，「說什麼」固然重要，但「怎麼說」也肯定重要。

以眼睛追逐會躍動的物體，是人類的習性。因此，當你有效地使用視覺之手，讓聽眾不感煩膩，演說、簡報也會變得活潑且易懂。

以下介紹任何人都能馬上懂得使用的手勢。

在演說、簡報上可以使用的手勢

1 表示數字

例 一面說「理由有3個」，一面就比出3的手勢之類。

2 表示大小或形狀

例 說出「是約30公分的球體」時，表示出形狀之類。

3 介紹想讓客戶看的商品或服務時，要有活力

例 當你說：「請看向前方的螢幕，這就是我們的新商品！」時，高高抬起手。

4 在重要時刻有效使用

手如果常常動來動去，效果不只減半，還會給予他人不夠冷靜的印象。必要時再使用手勢才具效果。

平日習慣造成的意外與意想不到的陷阱

演說、簡報中的視覺資訊會大幅左右他人對你的印象。然而，即使是內容極佳的簡報，一個小動作就可能會令聽眾留下不好的印象。若在公共場合，請避免以下行為：

1 手放於講台上

有時我們會抱持如國會質詢那樣的意圖上台，但這通常會給人壓迫感，不大舒服；因此如果你會下意識做出這個動作，請留心。

2 雙手交握擺在身體後方

這個動作會給人「好像很了不起、以上對下」的感覺。當聽眾多數是比自己職位高者時，雙手交握擺在身體前方比較好。

3 交叉雙臂

交叉雙臂就是「拒絕、看輕」的姿勢。

雖然這是想要隱藏緊張感的自我防衛本能，但也有人會為此感到不舒服，記得要注意。

而交叉雙臂，肩頸容易使勁，對於發聲也會有負面影響。

4 抖腳

抖腳也被說是「抖窮」，來源據說是「窮人因寒冷而發抖的模樣」（有諸多說法）。

尤其在等待上台演說時，不禁抖動膝蓋是想要抑制緊張不安

的潛意識逃避行為，但會給他人不夠冷靜沉著的印象，還是不要抖腳比較好。

5 轉筆

在會議或研習上，我不時會看到有人轉筆。

如果是學生時代就算了，已經是社會人士還放任這樣的習慣不改，就可能會讓人對此感到不耐煩。

6 摸臉或頭髮

在街頭採訪中，我們會看到把鼻子或嘴巴遮起來說話的人，

或者搔頭的人，其實這是「想要隱藏緊張或不安感」的表現。稍微摸一下臉或頭髮是沒有關係的。不過，請注意，一旦太過頻繁，聽者便會介意了。

當我們不常注意到自己的肢體動作，一不小心就會成了習慣，因此要錄下影片加以確認。

延長吐氣，聲音就不會顫抖

在克服怯場方面，準備、練習或是心理建設當然都很重要，不過最為重要的就是「氣要足」！

一切準備好要正式上場時，若因氣不足而聲音顫抖，還是會怯場。「因為聲音在發抖，就更緊張了！」相信大家都有過這般經驗。

為了要在緊要關頭不會破音，就請掌握好能夠戰勝緊張的「**腹式呼吸**」。

肺部本來就無法自行運作，我們是使用肺部附近的肌肉來進行吸吐。

一般來說，平常的胸式呼吸法是使用肺的上部運作，呼吸容易變得淺，因為靠近聲帶，聲音容易顫抖。

然而，腹式呼吸是活動到橫膈膜與其周邊肌肉，因此能夠呼吸得深，聲音也不會顫抖。

具體來說，相較於胸式呼吸法只會動到橫膈膜約一點五公分，腹式呼吸卻能夠運動到近乎十公分左右。

換算成吸氣量，通常只有四百五十毫升，但運動到橫膈膜的最大值，則可以吸到約三千毫升。

胸式呼吸與腹式呼吸的差異

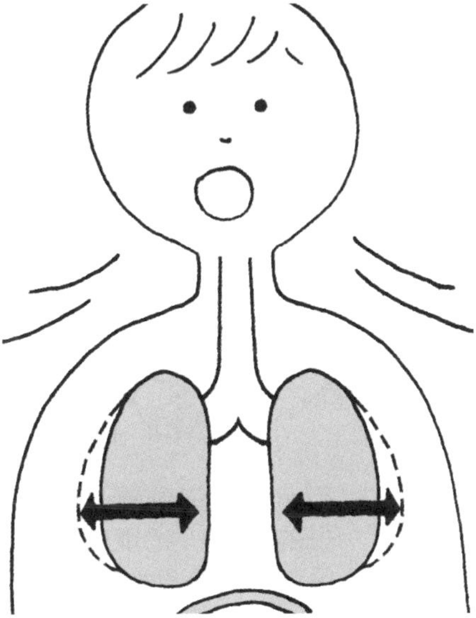

● 胸式呼吸

一吸氣，肺部橫向擴張，肩膀也會上下移動。胸或肩頸、咽頭都會出力，聲音很難出來。一次約能吸到四百五十毫升。

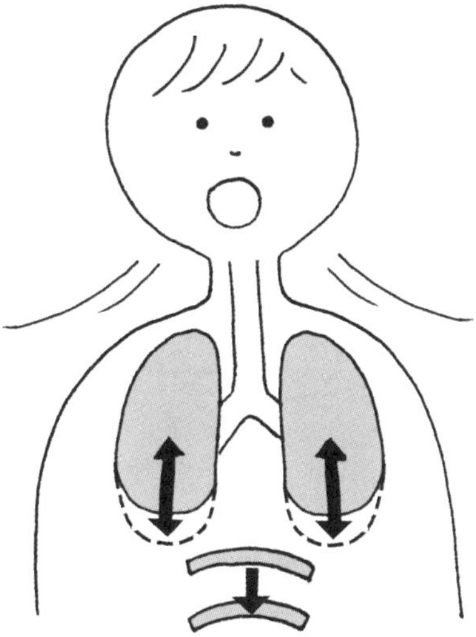

● 腹式呼吸

一吸起，橫膈膜就會往下，氣會進到肺部的下面。胸或肩頸的肌肉會放鬆，聲音就不容易顫抖。一次約能吸到三千毫升。

腹式呼吸的訓練

那就來實際做做看吧！

1 將手放在肚臍下方一點的丹田。

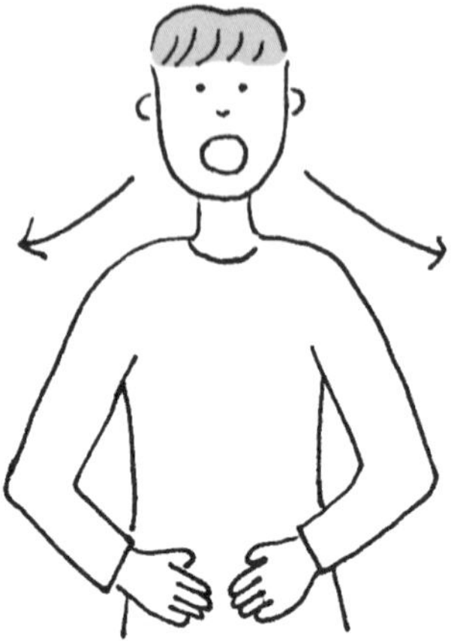

2 用手將丹田的部位推進去的同時，把現在的一口氣由口全部吐出。

3 接著膨起剛剛縮進去的腹部，同時從鼻子吸氣。

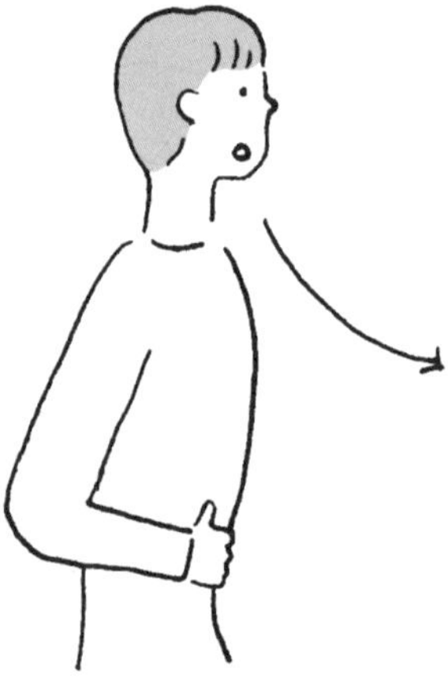

4 再次進行2，從口慢慢吐氣。

請反覆練習腹式呼吸。由於這會活動到久未使用到的肌肉，剛開始或許會難以抓到訣竅，但隨著練習次數愈多，漸漸就能使用肚子順暢呼吸了。

而習慣後，請試著儘量延長吐氣的時間。

擁有自信的捷徑就是鍛鍊聲音

「聽到自己的聲音跟我想的不一樣耶！」我想大家都有這種經驗吧。這是有原因的。

平常，我們是同時透過兩種方式接收自己的聲音，一是先經過空氣後再通過鼓膜的聲音，二是透過自己的身體，也就是藉著骨頭傳導聽到的聲音。

而別人聽到的聲音僅是由空氣傳遞的聲音，所以聽起來會不同。

你所聽到的「奇怪」的自己的聲音，就是一般人所聽到的、你的聲音。別覺得討厭，就好好瞭解吧！

我以前也非常討厭自己的聲音，比起一般人的聲音更低沉，還有鼻音，加上緊張，聲音就會經歷「顫抖、破音、出不來」的三重痛苦……現在誰也不相信，可以前的我在別人面前真的只能發出猶如蚊子叫的聲音。

我第一天踏入說話教室，做了自我介紹，但老師要我留意「音量過小」，這點我我還清楚地記在當時的上課筆記裡。

因此我開始練習發聲，在上課的第四天，筆記上還寫了「老師誇讚我改善很多呢」。

之後，雖然還不到「非常喜歡自己聲音」的地步，但我已不再對自己的聲音感到自卑，也能夠充滿自信地說話。

基於這個經驗，我在我的課堂上我會著重於「發聲練習」。

要說「**克服發聲就是克服怯場**」一點也不為過！

聲音訓練與運動一樣。懂得有效運用與發聲相關肌肉的人很少，也沒有從一開始就很有自信的人。然而，聲音愈是鍛鍊，就會愈有活力跟亮度，成為聽來悅耳，有抑揚頓挫、響亮的聲音，因此從今天起請你務必試著開始「鍛鍊聲音」！

讓聲音聽來悅耳響亮的發聲法

容易怯場的人聲音會非常生硬，無法清楚發聲。
通過聲門的氣息不夠順暢，所以聲音不「亮」又虛弱，一緊張馬上就會不穩。
聲音是否夠亮，在此可以做個測驗。
準備有秒針的時鐘或計時器，使用前述提過的腹式呼吸法，試著發出聲音看看。

1 首先，將現在的一口氣從口完全吐出。
2 接著從鼻子吸氣。
3 腹部用力，稍微停一下。
4 在持續吐氣的狀態下，試著發出「啊——」。

在一口氣中你可以發聲幾秒呢？

我想，一開始只能發出十五到二十秒左右，但請持續訓練兩個星期看看。每個人都不一樣，但應該能延長個幾秒到十幾秒。務必記錄自己的秒數。

如果可以延長秒數，就表示你的聲音已經成了「不易怯場、強而有勁的聲音」了。

高亢與低沉，哪一個好聽？

一般認為，在別人面前說話時，聲線要比平常更為「明亮」，或是用「稍微高亢一點的聲音」，對方比較願意傾聽。

所以許多人以為「明亮的聲音」＝「高亢的聲音」，高亢的聲音聽起來感覺較好，而講電話或在別人面前說話時，便會提高聲線。但硬要發出高亢的聲音，有時聽來會不大悅耳，因此不必勉強提高聲線。

不過，**配合場合的「聲調」確實是存在的。**

可以的話，依據場合來運用最為理想。例如，我擔任司儀時，會依據內容改變聲音的高低。

「低沉的聲音」會給人沉穩、值得信賴之感，於婚禮或儀式等訴求氣氛莊嚴的場合，就會以沉穩的低音說話。而街頭競選活動之類，想要吸引為數眾多且來來往往的路人時，我便會揚起嘴角，發出聽起來明亮的聲音。

電視台主播於播報新聞或主持綜藝節目時，也會改變聲音高低或音色。

聲音與樂器一樣，當有著與樂器契合的音色，無論聲音高低，聽來令人舒服者為佳。

你的聲音是「世上唯一的樂器」。

建議各位，比起勉強自己改變聲音的高低，活用自身聲音的特性、鍛鍊發聲，便可讓聲音聽來悅耳舒服。

「克服」怯場！效果絕佳的朗讀訓練

「唸已經寫好的稿子」和「在沒有講稿的狀況下自由發揮」，你比較不擅長哪種情況？

我的話肯定是前者。現在也是如此，若是司儀或演講的工作，我對擔任司儀會感到比較緊張。（雖然講稿有時是自己寫的）要將負責單位所精心製作的講稿，在他們的面前一字一句、沒有錯誤也不吃螺絲地唸出來，這壓力可是非常大的。（苦笑）

由於現在的我知道如何控制緊張，聲音也不會顫抖了，但原本國中唸課本時，我意識到了自己會怯場，所以曾經相當恐懼「唸」這件事。

而引發克服怯場症協會的會員們怯場的原因之中，學生時代唸課本也排名首位。

但令人意外地，**最能實際感受到克服怯場訓練效果的，其實就是唸書。**

演說也是「活的」，首先要知道沒有一場演講會完全相同，這意思指，演說是「在說完的同時就會消失的東西」，所以當事人不容易知道自己的進步、效果。另一方面，朗讀只要反覆練習完全相同的東西就能做到，因此較容易感受到自己的成長與變化。

朗讀不僅會讓你對唸課本的恐懼消失，也能練習表現力，現在就來挑戰看看唸口白吧！

別聚焦於自身的怯場問題，重點是要專注在口白的內容及目的。

確實將聲音對著前方發出，試著說話有抑揚頓挫，應該就能實際感受到聲音不會顫抖這點。

而且，我建議你錄下自己的聲音，並且比較看看最一開始練習的音檔與最近一次練習的音檔。

反覆以腹式發聲法練習口白，就會知道聲音是否有確實發出。

唸稿不緊張的練習法

1不管站著也好、坐著也罷，背要打直，姿勢要端正。

2看著稿子也沒關係，但不要把稿子拿得太靠近自己的臉。稿子跟臉距離三十公分以上。

3將目標設定在前方，像是對面的牆壁或時鐘之類，用好比要把聲音對著前方大聲發出的感覺來唸稿。

4一緊張唸稿速度就容易變快，所以要放慢1．5倍左右來唸。

5意識到自己的口齒清晰度，就會清楚發音。對於唸得不夠清楚的地方要反覆練習幾次。

6即使是一個人練習時，也要想像前面有很多聽眾。

如果腹式發聲成功使聲音不再顫抖，那就相當完美了！請錄下自己的聲音，來回確認幾次。

練習文 1

大家早安。今天是四月八日，星期二，現在是市政新聞時間。
今天有來自市議會的通知。從六月二十三日起到三十日止，本會將召開會議。
任何人都能旁聽此會議。如果是聽障人士，也歡迎利用手語翻譯。
旁聽席有三百五十六席。有意旁聽會議者，請於會議當天、在市公所本廳三樓的旁聽席入口，領取旁聽券入場。
以上是來自市議會的通知。

Check Point

- □唸稿時，有適度放鬆身體嗎？
- □唸稿時唸稿時，姿勢良好嗎？
- □唸稿時聲音有確實從肚子發出來嗎？
- □唸稿時嘴巴有正確打開來嗎？
- □唸稿時有配合內容加上抑揚頓挫嗎？
- □唸稿時有把注意力集中在內容上，而不是如何排解緊張嗎？
- □唸稿時有偶爾抬起頭，將意識放到聽者身上嗎？

 沒有做到的部分就慢慢來也沒關係，繼續練習下去吧！

練習文 2

如各位所知，女性平均壽命世界第一的紀錄持續在更新。然而與此同時，病症或身心不便的時期也隨之延長，長壽絕對稱不上就是「健康壽命」。從年輕時便開始管理自身健康，還是相當重要的。

其中一個有效管理健康的方法，就是「女性門診」。所謂女性門診就是綜合診斷女性身心的醫療機構。即使是女性的特有病症也能輕鬆就診，早期發現、早期治療。

為了擁有健康的老年生活，希望各位從現在開始好好加以利用。

Check Point

- □唸稿時，有適度放鬆身體嗎？
- □唸稿時，姿勢良好嗎？
- □聲音有確實從肚子發出來嗎？
- □嘴巴有正確打開來嗎？
- □有配合內容加上抑揚頓挫嗎？
- □有把注意力集中在內容上，而不是如何排解緊張嗎？
- □有偶爾抬起頭，將意識放到聽者身上嗎？

練習文 3

讓各位來賓久等了，現在開始要進行的活動是流鏑馬。
流鏑馬的歷史悠久，據傳是距今約一千四百年前，為求「天下太平、五穀豐收」而出現。
在平安時代是貴族的宮廷活動，鎌倉時代則是武士的嗜好。
由小笠原流、細川流、武田流等流派守護，橫越古今，做為武道及文化傳承。現於鎌倉鶴岡八幡宮、明治神宮、日光東照宮、京都下鴨神社等地都有舉行這項儀式。
流鏑馬所使用的弓，是弓道使用的標準長度；箭頭則置有鐵或木頭，有四片箭羽。
對馬兒來說，放箭時所發出的弦音或射中標靶的聲音，是相當恐怖的。因此，希望這次的流鏑馬表演能達到人馬合一的境界，鎮定馬兒的心情。若漂亮地成功射穿標的，請各位來賓給予熱烈的掌聲。那麼接下來敬請欣賞演出。

Check Point

- □唸稿時，有適度放鬆身體嗎？
- □唸稿時，姿勢良好嗎？
- □聲音有確實從肚子發出來嗎？
- □嘴巴有正確打開來嗎？
- □有配合內容加上抑揚頓挫嗎？
- □有把注意力集中在內容上，而不是如何排解緊張嗎？
- □有偶爾抬起頭，將意識放到聽者身上嗎？

練習文 4

孩子若在否定中成長，也會否定他人
孩子若在帶刺的家庭中成長，也會變得粗暴
當以不安的情緒養育孩子，他們也會感到不安
養育孩子時老是對他說「你真是可憐」，孩子也會覺得自己很悲慘
把孩子當作笨蛋，孩子會變得怯懦畏縮
父母老是只會羨慕他人，孩子也只懂欣羨別人
父母老是只會斥責，孩子則會不自覺認為「自己很糟糕」
若是給予鼓勵，孩子就能擁有自信
若以寬厚的心對待，孩子則會心平氣和
若是給予誇獎，孩子就會開朗
若是給予愛，孩子就會學習愛人
若是給予認同，孩子就會喜歡自己
若是給予關注，孩子就會好好努力
教導孩子分享，孩子就學會體貼
父母如果坦率，孩子也會明白坦率的重要性
而如果對孩子公平，孩子就會擁有正義感
若是溫柔體貼地養育孩子，孩子就會溫柔敦厚
若是好好守護孩子，孩子就會堅韌不拔
若在和和氣氣的家庭中成長，
孩子就會覺得這個世界真是美好

《養育孩子的魔法咒語》羅樂德（Dorothy Law Nolte）著

Check Point

- □唸稿時，有適度放鬆身體嗎？
- □唸稿時，姿勢良好嗎？
- □聲音有確實從肚子發出來嗎？
- □嘴巴有正確打開來嗎？
- □有配合內容加上抑揚頓挫嗎？
- □有把注意力集中在內容上，而不是如何排解緊張嗎？
- □有偶爾抬起頭，將意識放到聽者身上嗎？

加上抑揚頓挫，聽起來就完全不同

因怯場症而不擅長交談的人，說話也不擅於加上抑揚頓挫。一旦說話有抑揚頓挫，交談就會更有張力，使用緩急、強弱、高低、明暗、軟硬、停頓等等要素，來表現看看吧！

1 意識重點

著重發音文章中的特定用語，就能強調意義。

試著改變要強調的部分唸唸看。

例

[我今天] 搭公車 去公司。

我今天 [搭公車] 去公司。

我今天　搭公車　去公司。

2 意識語調

說話內容或因說話者的情感，使語調有高有低。

例

這點心，好吃吧！

這點心，好吃吧？

檢視以正式發表為前提的排練影片

為了讓演講成功，以目前為止我們所學到的技巧為基礎，唸出完成的講稿，並且試著錄音或錄影吧。

檢視影片時的重點

1 把影片裡的人看作是自己，就會戴著「反正我就是很笨拙」的有色眼鏡，但看作是別人的話就能客觀評價。

2 別只聚焦在自身的緊張問題，要對姿態、表情、視線、聲調等做綜合的判斷。

3 別只是注意不好的一面，也要認可自己做得好的地方。

4 可以的話，請家人或朋友幫忙檢視，並詢問他們的想法。

確認總共的時間 ______ 分 ______ 秒

檢視你的影片

●表現良好的部分是什麼呢？→

●需要調整的部分是什麼呢？→

一面調整需要修正之處，一面反覆練習。在正式上台當天，有沒有拿著講稿都無所謂。就以現在寫好的內容為基礎，確實地從肚子發出聲音，試著依你自己的意思開口說話。

Chapter

4

傳授你在正式發表時變強的祕訣

愈接近正式發表就愈害怕的原因

第一章學了「怯場是什麼？」、第二章「打造內容連貫的講稿」、第三章「不再顫抖、給人良好印象的發聲方式」。

在本章則要一起來學習「就算即將登台，也能馬上消除緊張的方法」。

現在想來，在我有怯場症時，最害怕的就是上場前的等待時間了。

最常會有的，就是在聚會等場合要「輪流自我介紹」的時候。當快要輪到自己，「下一個就是我了！」的緊張感，真的會讓人覺得壽命縮短。

而更難受的，就是婚禮或歡迎會、餞別會上，那種不知何時或是為了什麼而被點到名的時候。「不知什麼時候會點到我的恐懼」會令我持續顫抖不已。

這樣等待的時間令人感到棘手，**而「直到上場前都還有時間」這般乍看幸運的場面，其實是延長了受苦的時間。**

舉個例子，想像一下，你半年後要在三百個人面前發表五分鐘的簡報。

當眾發表僅僅五分鐘。

但是，「好討厭啊～」的緊張感卻會在這半年間伴隨著你。讓你不管做什麼都心神不定、食不下咽，或老是夢到自己失敗……日日夜夜充斥著恐懼與不安。

十二年前的我，曾受到指派，要在三個月後進行二十分鐘的發表，從那之後起的三個月間，我都處在心驚膽戰的狀態。為了一轉眼就結束的演講，逼自己過上好幾個月的不健康生活。

很多人認為「突然被點到還比較輕鬆」，我想也是由於忍受這段等待時間會感到痛苦使然吧。

像這樣，因過去體驗到的恐懼或創傷，光是思考此事就會感到不安，就叫做**「預期性焦慮」**。

不只是怯場症，懼高症或尖端恐懼症等眾多恐懼症，也是因這樣的預期性焦慮引起。

人類的想像力是無限大的，不管是在好的方面還是壞的方面。受緊張所苦的人，就容易把這樣的想像力用在壞的方面。

愈是鑽牛角尖，就愈會假設會發生最糟糕的情況，將結果想得與事實相距懸殊。

所以，如何與「等待所造成的緊張」共處，就是克服怯場的關鍵，這樣說一點也不為過。

聆聽別人說話能減少「等待造成的緊張」

消除「等待的緊張」的方法，在我的課堂上也是最為重視的一項作業，這並不會很困難，是可以改善的。

在課堂上，首先我會突然請全部的學生做自我介紹。

接著，我會問學生：「你可不可以試著說說看，你旁邊的同學說了些什麼？」

幾乎沒有人能夠回答我的這個問題，而且也沒有任何人做筆記。

在等待輪到自己的期間，緊張的人可說是完全沒辦法聆聽別人說話。

輪到自己之前，就一股腦兒地在想著自己的事——「要說什麼才好？」、「我的聲音要是又顫抖了，怎麼辦才好……」別人在說什麼根本聽不進耳裡。

而自己的部分結束後，又開始在腦袋裡開反省大會，還是沒辦法去聆聽別人說話。但這其實就是造成等待的緊張感升高的原因。

因此，我會給予指示：「我現在再請每位同學自我介紹一次。這次，請好好聆聽你前一位的同學所說的內容，也可以做筆記。而自我介紹完後，請將注意力放在下一位的同學所說的內容。」

這麼一來，結果如何？大家當然有「記住別人說的話」，也有學生說：「沒有像剛才因為等待而那麼緊張了！」

像這樣，在等待時把注意力放在別人所說的話，就能減輕緊張感。

不聽別人說話，老是想著自己的怯場問題才會更不安。

不僅如此，不聽別人說話的人容易給別人不好的印象。

由於在人前感到不自在，始終低頭或面無表情、表現出事不關己的態度，便會讓人覺得你沒有活力。

別人在說話時，有些人會雙手抱胸、翹二郎腿，或是托腮聆聽，雖然絕不是展露惡意，或許只是下意識地想隱藏自己的手腳顫抖，卻會給旁人「你很跩」的感覺。

別人在說話時，請看著說話者的眼睛、點頭回應，採取關注對方的態度。

參考別人的演講或說話方式，會帶給我們諸多提醒，因此我建議各位做筆記。而且做筆記也能有效抑制緊張也。

懂得聆聽就懂得排解緊張。提升形象、減輕緊張感，為一石二鳥之計。

請用八成心力聆聽別人說話，兩成心力思考自己的演說。

一旦能跟等待所造成的緊張共處，時常在你心深處的那塊大石就會消失無蹤了！

1 出席會議時，記住參加者全員的名字，聆聽他人發言，做筆記。

2 參加研討會，環顧會場後，坐在靠前面的位置，並向坐旁邊的人打招呼。

3 搭乘電車時，請好好觀察周遭，若有老人或孕婦，請讓出座位。

因「自我意識過剩」而有「逃避習慣」的人，對於上述行為應該會感到棘手。1～3是將自我意識改變為他者意識的練習，因此請從平日起，包括在登台當天的會場，有意識地執行這三點。

演說五分鐘前成功紓緩緊張的方法

在此介紹比「在手掌上寫人字」及「將聽眾當南瓜」更為有效、在正式上場當天也能做到的「不怯場且能好好說話的方法」。

就是，「**把聽眾當成夥伴**」。

即使到了現在，我還是會在授課開始前的三十分鐘就會進到教室，跟同學聊天。演講則於一個小時前就進入會場。

主辦單位多會準備講師休息室，但我還是儘可能選擇跟工作人員或聽眾聊天。在素未謀面的一百人面前演講，甚至在陌生的會場上說話，我現在仍會感到非常緊張。但當我做到這點，聽眾的「聆聽態度」便會完全不同，終究還是幫到了自己。

當眾說話最恐怖的，就是聽者毫無反應。

擔任司儀時也是如此，我會在最一開始就跟主辦單位的工作人員、參與者打招呼，交換名片、談笑風生，以減輕緊張感，讓工作也順利進行。有時候上電視或廣播節目，我也會先和主持人聊一聊。

如果沒有先好好交流就直接上場，來賓也會很緊張，也無法將對方的有魅力之處傳達給聽眾。

專家會重視攝影機不會拍到的對話。

就如朝會、簡報發表或婚禮致詞等場合，快要上場前不僅會感到焦急，也會愈來愈不安。如果到這種地步，也只能豁出去了，但我想在上場前還是會覺得很焦慮不安吧。

這時就跟周遭的人當朋友，聊聊天吧！在上場後，應該也會看到很多人用笑臉聽你說話。真會發生什麼事，他們也會幫你一把。

在上場前聊聊天，不單放鬆臉部肌肉，還是一種發聲練習，一舉兩得呢！

營造出「在咖啡廳的情況」，能瞬間改變氣氛

首先的大前提是：比起較少的人數，愈是多人的場合，聽眾就愈沒有什麼反應。

請想想看平常的你，若是兩三個人聚在咖啡廳裡聊天，你會用什麼樣的態度應對呢？

撇除長年相處的夫婦，一般來講，都會好好看著聽者的臉、適時互動吧？有趣的內容、好玩的內容，會以笑容回應；而悲傷或難過的事，也會有所共鳴，做出相符的表情。

那麼，當你參加聽眾有一兩百人的研習或演講時，會如何呢？

少數的人會邊聽講師說話、邊點頭反應，也有人會一直低頭、撐著頭、滑手機、睡覺之類。

但如果人數不多，當某人在講話，聽眾是不會露出這麼直接的態度的。正是愈多人的場合，聽眾就愈不會聽講師說話。

而為了答腔回話，或依狀況做出表情，聽者必須從頭到尾在內容上集中精神，保持緊張。因此，**聽眾若人數眾多時，不需要因為他們沒有反應而感到失落。**請想成「聽眾是在放鬆的狀態下聆聽演講」就好。

雖是這麼說，還是希望聽眾有反應吧（我也經常這麼想）。

這種時候，就要鼓起勇氣營造「咖啡廳的情況」。若是研習，就隨意編成兩人一組或小組作業來進行。

請接連採用破冰（請參照第183頁）等技巧。當團體作業難以進行，就由自己開始迅速指定聽者。這是要營造出「無法逃避的的一對一狀態」。一旦有人被指定，**氛圍立刻會變得緊張刺激起來，一口氣提高聽者的注意力。**

另外，「現在開始要換位子」、「這邊很重要，請記筆記」之類等，促使聽者行動，也會改變氛圍。因為要記筆記，就非得集中注意力聆聽不可。

因此，沒有人會在我的演講上打瞌睡。（笑）

體驗「坦白怯場」

用話語表現因過去的可怕經驗，而受到壓抑的不安或情感，並從痛苦之中解放，得到安穩，以心理學名詞來說，就稱為「**宣洩（catharsis）**」。

「怯場症」也許是不易向他人坦白的煩惱。然而，暗自苦惱只會令不安感愈來愈強烈。

對值得相信的人坦白真相，有助於消解內心的緊張。

我在國一時發現自己會怯場後的十七年間，從未對老師、家人以及職場的人坦白自身的煩惱。我瞞著家人，去看費用高昂的催眠治療或精神科。

那時候的罪惡感，我到現在還忘不掉。而抱著最後希望踏入說話教室，聽到其他同學邊笑邊說「我今天也好緊張喔～」、「我覺得好像有點失敗耶～」的時候，**我才發現，原來是我沒能認同「會怯場的自己」、「老是沒辦好好說話的自己」，長期以來把自己苦苦相逼到無路可退的地步。**

現在想來，社會上超過八成的人有怯場症。我根本沒有必要感到羞恥或將其隱藏起來。

當我知道除了自己以外，其他人也有相同煩惱後，就從「只有我才會這麼緊張」、「我緊張到很奇怪的地步」這般有違事實、毫無根據的思考中脫離了。

從此，我從「討厭不安，好想逃跑」，到有辦法向別人訴說「現在因為這樣的情況，我很煩惱」，進而積極思考「那我要怎麼做才不會怯場，且能好好說話呢？」

在我的課堂上，也有「**說出過去的創傷經驗**」的作業。

將過去因怯場的失敗經驗絲毫不保留地寫在紙上，然後與上課的同學一起討論這些經驗。

有人帶著笑容說：「我之前從沒向任何人說出口，但在這裡我就能照實說出自己的不安！」也有人說：「我沒跟太太（或先生）說自己來這裡上課，但回家後就告訴另一半這件事，我感到非常輕鬆！現在我的家人都很支持我！」

恰逢對任何人都不敢說出自身煩惱，而把逼得自己無路可退的朋友，我真的建議你「坦白說出緊張與不安」！

血清素不足也會對緊張不安有影響

一般認為，之所以處於「容易緊張」的狀態，與腦內荷爾蒙的去甲基腎上腺素、血清素有著很大的關係。

去甲基腎上腺素會活化交感神經、增加脈搏次數，但擔任抑制去甲基腎上腺素的分泌，**整頓心理平衡角色的，則是神經傳導物質的血清素。**

一旦血清素不足，不僅容易緊張不安，也容易造成憂鬱症或失眠。

也就是說，我們不只要改變說話的方式，也要改變每天的行動模式，才更能

確認血清素的不足度

利用以下12點，來確認你的血清素是否不足吧！

- □ 容易緊張。
- □ 難以入睡，半夜常醒來。
- □ 頭痛、生理痛。
- □ 容易疲累。
- □ 在意自己臉部下垂。
- □ 駝背。
- □ 時常焦躁。
- □ 就算吃很多還是覺得不夠。
- □ 覺得自己變胖了。
- □ 沒有定期運動。
- □ 不管做什麼都覺得麻煩。
- □ 多半不吃早餐。

！若符合5個以上，就要注意囉！

增加血清素的方法

其實只要稍微調整生活習慣，就能活化血清素。
以下介紹在日常生活中可以簡單執行的方法。

1 沐浴陽光裡

早上起來沐浴在陽光裡，就會活化血清素。盡量讓自己作息正常。

2 做些如快走或跳舞之類的節奏運動

適度的運動會促使血清素分泌。

3 攝取「色胺酸」含量高的食物

胺基酸的「色胺酸」與「維他命B6」有助於血清素分泌。請均衡攝取，紅肉魚或肉類、乳製品、堅果等食物。

4 確實咀嚼

運動選手之所以在比賽前嚼口香糖，是要促進血清素分泌，讓心情穩定。平常吃東西時請確實咀嚼。

5 深呼吸

呼吸得深且緩慢，便有助於放鬆。

成功打造不易緊張的身體。

在我的課堂上，我會建議學生，為了要在重要時刻發揮實力，平時就要攝取能夠促進血清素分泌的食物。

必需胺基酸的「**色胺酸**」與「**維他命B6**」有助於血清素分泌，所以要均衡攝取魚或肉類、大豆或納豆、味噌等豆類製品、堅果之類的食物。

另外，鈣或鎂則有讓心情穩定的作用。

有效緩解緊張的營養食物

色胺酸、維他命B6	**製造血清素的原料** 例 紅肉或魚、牛奶或起士等乳製品、大豆或味噌之類的豆製品、堅果、香蕉等水果。
鈣、鎂	**安定神經、紓緩不安與焦躁的情緒** 例 牛奶或起士之類的乳製品、菠菜或小松菜等黃綠色蔬菜、海帶芽或鹿尾菜之類的海草。

※並不是說只要吃這些食物就不會緊張。另外，也請切勿過度攝取。

解決「肚子痛」的對策

在正式上場時容易怯場的人之中，不少人有「一緊張肚子就會痛」的煩惱。人一旦緊張，消化機能就會降低，便容易產生消化不良或拉肚子的情況。上場的前一天切勿暴飲暴食，當天的飲食也務必清淡，而且要在上場前兩小時用完餐點。

我建議當天早上可食用牛奶或優格等乳製品，以及香蕉，並且確實咀嚼、慢慢地吃。

另外，有些人是一緊張就會口渴，但由於洗手間不見得就在附近，請不要攝取過多水分。

確認當天的物品

為了正式上場時不慌張，並且發揮平常的實力，
請記得帶以下物品。

☐ **講稿**

☐ **水**

水是最好的。喝茶反而容易口渴，要留意。

☐ **喉糖（應付沙啞、咳嗽）**

含著喉糖不方便說話，所以覺得聲音沙啞時，舔一舔喉糖就好。

☐ **手帕、面紙**

若無麥克風架，用手帕輕輕包住麥克風，就能避免發出噪音。而容易流汗的人則準備兩條手帕比較好。

Chapter

5

讓你任何場合都不怯場的說話方式

透過第一到四章，我想各位應該學到了說話的技巧。

終於來到最後一章，在此章中，我將傳授給各位能夠應付任何危機的「依場合克服怯場的技巧」，請務必多加活用。

【自我介紹篇】讓人覺得「你給人感覺很好」的說話方式

「大家好，初次見面，我叫〇〇〇，請多指教！」

不管幼稚園小朋友，或是才來日本幾個月、不怎麼會說日語的外國人都能做到。每個人自出生後的第一個公開演講，很可能就是「自我介紹」吧。

從新學期或餞別、歡迎會、會議或聚會、家長會、鄰里會議、才藝班，到小派對或聯誼……在我們一生當中到底要自我介紹幾次呢？

若以次數來算，「自我介紹」在演講之中肯定遙遙領先其他項目，拔得頭籌。

也就是說，**「不覺得自我介紹很難」的人，已經是「演講勝利組」了！**

從小朋友到老人家，也無關性別或職業，我們在一生中會一直持續進行的演講，就是自我介紹。

司儀或致詞之類，最糟也還能編些理由逃避，或拜託他人執行，但「自我介紹」就非自己來講不可，是「絕對沒辦法躲掉的演講」。

然而，由於不知道什麼時候、什麼狀況下會需要自我介紹，有很多人會當場才趕快思考內容，結果講得不順利。

正因為任何人都要做自我介紹，與別人比較時，有時不禁會感到失落，而且一旦在最一開始的自我介紹就失敗，在那之後每每出席該聚會，便會一直受到不悅的心情牽引。

一般來說，自我介紹是所有演講的基礎。雖說不過是自我介紹罷了，但這卻非常重要。我認為，「輕視自我介紹者，會因自我介紹而泣」。

然而，擅於自我介紹的人卻意外地少。在我的學生中，也有很多人相當不擅長自我介紹。

我們在學生時期學了「閱讀」與「書寫」，卻沒有學到「說話」，因此仍有許多人對於「談論自己」感到抗拒。

任何人都得自我介紹，但能帥氣且俐落做到的人卻很少。既然如此，藉此機會好好學一下，熟練掌握「圓滑周到」、「帥氣」又「讓旁人開心」的自我介紹吧！

能夠帶來好感的「自我介紹」六大重點

1 明白「愈短愈好！」

我有一個一輩子都忘不了，關於自我介紹的小故事。

在約四十人參加的研習班上，每個人都要自我介紹，但居然有人能不間斷地說了十五分鐘，而且內容幾乎都在自誇！

大家都覺得那個人很煩……。

他的行為也壓縮到了其他人的發言時間，最後只好快速帶過來結束這個環節。包括我在內，當時在場的所有人，應該一輩子都會記得他吧？（當然這是指不好的方面！）

所以說，沒有比冗長的自我介紹更令人感到困擾的事了。

說得極端點，「自我介紹愈短，大家會愈感激你」。

但棘手的是，有怯場症的人偏偏說話容易過於冗長，就如我之前提過的。因此在尚未習慣，請事先將要說的內容簡要整理好，也先估算好時間。

具體來說，**自我介紹要在「一分鐘內」結束**。

好比說，在二十人的聚會上，一個人若自我介紹三分鐘，這樣就會耗掉一個鐘頭。而如果參加者為數眾多，要考慮到司儀或主辦者、其他參加者的立場與狀況，請留意說話要簡短緊湊。

2 不需要多餘的開場白或藉口！

「今天來這裡，我沒想到要臨時自我介紹……」

「就算要我自我介紹……但我什麼都沒想就來了，突然想不到要說什麼……硬要我講的話就……」

事實上，第一次來上我的課的人多半會這麼講。（苦笑）

自我介紹當然不會事前告知。「互相知道對方的長相與名字，希望能夠更了解彼此」這是主辦者的用心，所以像「我什麼都沒準備」的藉口是沒有意義，也沒有禮貌的。

如果你說話的方式充滿「被迫去做某件事」的「不情願感」，就會破壞當場的氣氛。

在已經很短的時間內，還說些「我沒想到要自我介紹……」、「謝謝您指定像我這樣的人來自我介紹……」之類多餘的說明或開場白，便是說話冗長的原因。

即使因對方希望你發言而指名你，也不需要說些過度謙虛的話，像是「就以我這蹩腳的自我介紹……」、「就由我這不擅演講的人……」等等。

內容不需要長，沒有說得很出色也完全沒關係，別讓場子氣氛凝結就好！

請記住**「打招呼↓鞠躬↓自我介紹↓收尾」**這簡單的公式，再根據所需來添加內容就沒問題了。

在商務會談等場合，則是打完招呼、報上頭銜、姓名等，便馬上進入正題。

3 清楚說出自己的名字

自我介紹時，最忌諱讓別人「聽不清楚你的名字」。

我在課堂上，也會請學生一開始就介紹自己；但怯場症者說話都很小聲，有八成的人說話時，別人都聽不清楚他們的名字是什麼。這樣便失去了自我介紹的意義。

當別人聽不清楚你的名字，就必須要再次確認，而這讓聽者又多了一道確認手續，請務必注意。

有時會因現場情況而不同，**但原則上要報出自己的全名**。這樣別人才聽得清楚。

另外，配合地區或聽者的年齡層，若將姓名與地名或名人做出連結，就更容易讓人一聽就明白。

在自我介紹時，我總說：「跟阪神虎隊的鳥谷先生一樣，我也叫鳥谷！」（但只有在關西地區，我才會這樣講）。

還有，向聽者說明你的名字怎麼寫，也有助別人聯想，能給人良好印象。

4 不要東扯西扯

讓人印象深刻、容易明瞭的自我介紹，重點就是不要東扯西扯。

例如，談到自己興趣時，「我的興趣是看書、看電影跟打高爾夫。我最近讀了○○，最近看了△△的電影……，打高爾夫球的最佳成績是□□……」如果一口氣就列出好幾項，就會分散聽者的興致，讓人無法記住你的資訊。

基本上，一則演講就說一則小故事。配合聽眾，聚焦於一個重點。比起陳腔濫調，有意外驚喜的事物更能令聽眾印象深刻。

5 行為舉止看起來要冷靜沉著

要讓初次見面的人對你有印象，最重要的就是外表與行為舉止的呈現。爽朗的笑容、俐落的姿勢、機靈的舉止，都能吸引聽者。

不要一邊動作一邊說話，將行走、敬禮等動作一個個地分開進行，才能給人俐落有美感的印象。

常言道：「**先語後禮**」，也就是「先說話再敬禮」的意思。

在公共場合，比起一邊道早、一邊敬禮（一邊動作），說完「早安」後，再仔細敬禮，形象會更為沉穩。

（在新單位的自我介紹範例）

❶各位早安！（第一聲很重要，精神抖擻地打招呼吧！）

❷敬禮（此時聽者會給予回應，所以要一邊聽大家的回應，一邊慢慢敬禮）

❸我是今天從財會部調來業務部的大田一輝。在廣大的田裡有著一絲光輝的意思。（簡單介紹自己，根據所需增加內容）

❹雖然還有很多不熟悉的地方，但我會好好努力，請各位多加指導！（收尾的招呼語）

❺再次敬禮（聽者若給予掌聲，就邊聽邊敬禮）

6 注意聽別人說話

我在第四章談到，不擅於在人面前說話的人，其特點就是「完全聽不進別人在說什麼」。在輪到自己前，都只想著自己的演講內容，而不去關心別人說了什麼。當自己的部分結束，又會在腦袋裡開起「反省大會」，仍然沒在聽別人說話……這樣的人很多。

從態度就能知道一個人「有沒有在聽別人說話」。

老是低頭或面無表情，抱持漫不在乎的態度，就會給人不好的印象。

而雙手抱胸或翹二郎腿等暗示拒絕的姿勢，也可能會被別人當作是「我不想聽你講話」的意思。

別人說話時，你會做出以下的反應嗎？

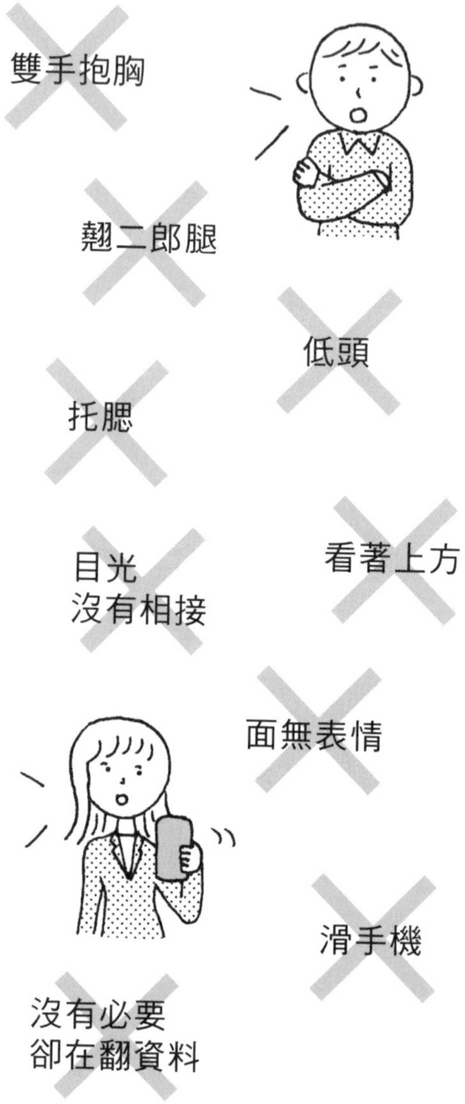

在別人說話時，請微笑點頭，展現出關心的態度吧。想一想就能明白，當輪到你說話時，如果別人有所回應，你會有多麼開心。

另外，**「有意識地去聆聽別人說話」，也有助於排解等待時的緊張感。**等待自己上場時，還有說完話後，都要有意識地去聽別人說話，這不僅能夠提升你的形象，也能減輕緊張感，實屬一石二鳥之計！

有時會有人問我：「雖然您說要在說話時看著對方的眼睛，但一直盯著對方瞧，是不是不太好呀？」

其實「看著對方的眼睛」，並不代表「一直盯著人家瞧，不轉移目光」。你當然可以配合內容節奏，不時看一下資料；或時而雙手交叉抱胸，細細思考。

反過來看，當對方正在思考時，你也可以暫時將目光移開。切記不要「以自我為中心行動，沒有站在對方的立場著想」。

回饋

自我檢視怯場度程度

1	輪到自己發言之前，都有在聽別人說話	做到了・還好・沒做到
2	能夠冷靜沉著地上台	做到了・還好・沒做到
3	上台時能夠看著聽者的臉	做到了・還好・沒做到
4	將注意力放在說話的內容，而非自身的緊張	做到了・還好・沒做到
5	有好好地用腹部發聲	做到了・還好・沒做到
6	結束自己的發言後，能夠去聆聽別人說話	做到了・還好・沒做到
7	結束後會感到一陣暢快，而非後悔	做到了・還好・沒做到

請他人協助檢視　（演講後，請聽者協助確認）

- ☐ 行為舉止給人良好印象
- ☐ 有將目光投向聽者
- ☐ 有好好地用腹部發聲
- ☐ 說話聽來確切清楚
- ☐ 說話速度適中
- ☐ 有配合內容做出抑揚頓挫
- ☐ 說話時有做到表情豐富

【面試篇】讓別人覺得「你做事很認真」的說話方式

求職當然需要面試，而最近連升遷或證照考試之類，也會採取面試來進行。不同於以筆試成績定高下的學生時代，今後不管在哪種行業，面試時的溝通能力、應對能力都愈來愈被視為必備的能力。

在我的學院裡，從準備考高中的國中生、求職中的大學生到準備升遷考試的商界人士都有，許多人是為了要在面試中有良好表現而前來上課。

有個令人難忘的案例是：有位三十歲的男同學曾參加了三十間以上的公司面試，卻都沒被錄取；不過來上課後，短短兩個月就取得聘書。

接下來，我要向各位說明面試合格的三大重點。

務必掌握！「面試成功」的三大重點

1 「最初的七秒」決定你是否受到錄用

根據艾伯特・麥拉賓（Albert Mehrabian）所提倡的「第一印象法則」，人的印象是在最初的七秒決定。而在第一次見面時，你所給予對方的印象中，視覺資訊就占了55％。

面試是一次定勝負。「只要對方知道我的能力，外表並沒有那麼重要……」這樣的想法並不適用於所有人。反過來說，只要確實打理儀容與基本禮節，有55％的機會可以成功。

何謂第一次見面給予對方的印象

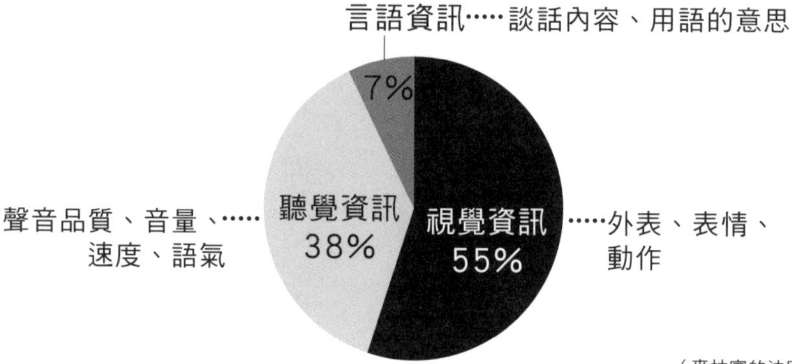

（麥拉賓的法則）

這樣說來，不在外表上下工夫未免可惜！

左右你外在形象的就是，「服裝」、「儀態」、「禮節」與「笑容」。

這些全部都是你馬上能夠做到的事，就一一跟著圖表來加以確認吧！

Check1　服裝重點：TPO

所謂TPO就是時間（Time）、地點（Place）、場合（Occasion）的縮寫。

正如「**你的儀表會幫你說話**」所言，只要透過服裝，別人就能判斷這個人是否能顧慮到周遭情況、能否依據場合有適當的言行舉止。

如果穿得邋邋遢遢參加面試，被當成「散漫輕佻」的人也是莫可奈何。

儀表也須顧慮到對方，這並不是叫你打扮得很入時，所以請避免穿著過於有個性的服裝。

在怯場者之中，有許多人不會去留意對方會對自己留下什麼印象。因此，還請穿著能給人好印象的服裝出席活動吧。

儀容自我檢視清單

男性

髮型	頭髮不亂翹。整齊。清爽乾淨。
	染髮的髮色低調。
服裝	西裝即可。不可穿牛仔褲。
	衣服有熨燙過，沒有皺褶、斑點與汙損。
鞋子	要避免休閒款式的涼鞋、運動鞋。皮鞋即可。
	乾淨整齊。

女性

髮型	整齊。清爽乾淨。
	鞠躬時，頭髮不會妨礙到自己。
	染髮的髮色低調。
	髮飾不會太過誇張。
妝容	上點淡妝為佳。
	不做太過誇張的妝容、指甲彩繪。
	香水不可過濃。
服裝	套裝即可。不可穿牛仔褲。
	裙子不可過短。不可穿著過於暴露的服裝。
	沒有皺褶、斑點與汙損。
鞋子	要避免休閒款式的涼鞋、運動鞋，請穿上適合商業場合的鞋子。
	乾淨整齊。
飾品	請避免誇張、顯眼的飾品。

Check2　姿勢重點：貼牆站立

❶請參照第110頁，從側面看來，後腦杓到腳跟有沒有呈一直線呢？請透過鏡子加以確認。

❷因駝背而頭往前傾、肩膀往前縮起時，呼吸就會變淺而導致聲音變小。另外，駝背也會給人疲累、不健康、沒有幹勁的印象，請注意喔！

❸胸如果過於往前挺，上半身就會出力而導致筋肉變得緊繃，難以出聲。

請記住❶的姿勢，時常留意保持。

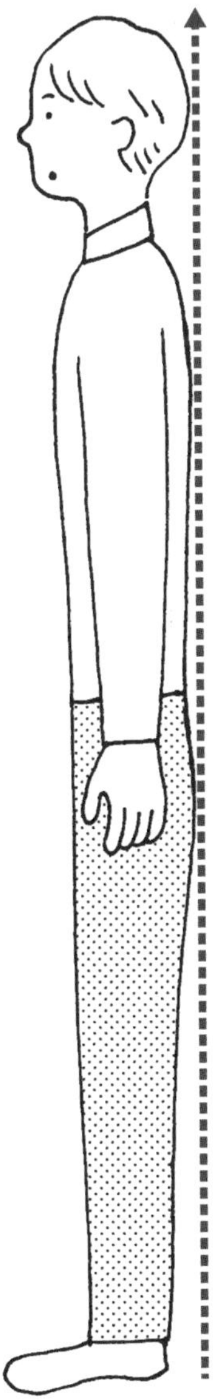

Check3 敬禮重點：延伸背部肌肉

即使覺得自己做得到，但一遇到緊張的場面時，還是會不小心加快動作速度，或是沒有確實做好動作，所以還請透過鏡子檢視看看吧！

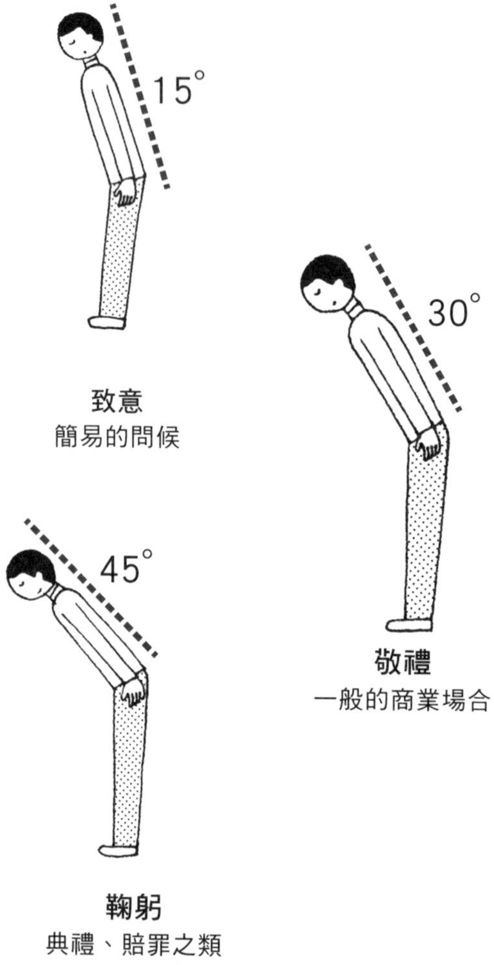

就如插圖所示，從後腦杓到背部保持一直線最為理想。
敬禮時從腰開始往前傾倒。
低頭速度為2拍，停頓1拍，以3拍將頭抬起，是最好看的。

Check4 笑容重點：好萊塢式微笑

所謂好萊塢式微笑，就是有如好萊塢明星的美麗笑容。近期來說，就是米蘭達・寇兒（Miranda Kerr）那樣嘴角上揚的美好微笑。

給人好印象的笑容（好萊塢式微笑）：

- **嘴角左右對稱向上揚起**
- **看得到上排八顆牙齒（或十顆）**
- **看不到下排牙齒**
- **不管何時何地都展露完美笑容**

而令人感覺不舒服的表情：

- **嘴角下垂**
- **左右不對稱**
- **看得到下排牙齒**
- **肌肉緊繃且僵硬**

這些全都會給人不自然且另有意圖的感覺。

我們臉部有三十種以上的肌肉（顏面表情肌），因此可以做出細緻的表情。**顏面表情肌僵硬的人，在緊張的場面時，就算想要展現笑容，也會因肌肉僵化而難以施展。**

平常自己做不到的事，在別人面前當然也還是做不到。所以，為了擁有自然且美麗的微笑，請一邊看著鏡子觀察自己，一邊鍛鍊顏面表情肌吧！

2 務必要好好發聲・發音

比方說，你決定要買一輛一百萬的車。說話清楚俐落的業務員甲與說話聲音小得像蚊子叫的業務員乙……在相同商品、相同條件的狀況下，你會向哪位業務員買車？

一般來說，聲音的大小就是自信的表現。

應該不會有人想跟對自己公司商品沒自信的人購買高價商品吧？

有許多有怯場症的人不但說話聲音小，說話時嘴巴也沒有好好打開，因此還請在平常就練習把話講清楚。

另外，發音簡略者如**「好的」→「好喔」、「不好意思」→「『報』意思」、「謝謝」→「謝欸」**，請儘快矯正！撇開家人或朋友之間的聊天不談，面試時若是這麼說話，可就犯下相當致命的錯誤。

雖然當事人並沒有惡意，可要是因此被對方認為「你在瞧不起我嗎？」就糟了。

所以，請務必好好發聲、發音，這是商業場合的鐵則。

還有，把「是說～」、「～什麼的」、「就我來看」等當作口頭禪者也請留心。

3 不可裝模作樣！

面試中很重要的一點就是，絕對不要「粉飾自己」。

面試官是內行人，當受試者隨便敷衍地回答，當場就會被看穿。

不知道就說「非常抱歉，這我不清楚」也無妨。

絕對別不懂裝懂。

另外，也不要認定「自己會因怯場而失敗」。

從面試官的立場來看，並不會因受試者緊張就不予錄取。

面試總是令人緊張的。光只是十到二十分鐘的言行舉止，就會被用來判斷那個人是否適合該職位。

在日常生活中，我們並不會經常體驗到「受人注目」的感覺，當然難以習慣。

面試官其實也明瞭這點，因此在面試時完全不緊張的人，反倒還比較奇怪。

那麼，面試官會觀察什麼呢？他們會關注這個人是否夠社會化，也就是說，受試者能否站在對象（客戶）或旁人的立場，做出符合該場合的行為。

然而，可惜的是，怯場症者往往容易只顧著「自己」；當對方的問題進不到腦子裡，很多人就會心不在焉而答非所問。

急於讓對方看到自己更好的一面，反而會造成反效果。就好好聆聽對方說話，誠摯地回答問題吧！

Check 檢視你的形象力

- □經常被問路
- □旅途中常被路人拜託幫忙拍照
- □在研習班或培訓場所，很常被坐你附近的人搭話

想要請託某人時，我們自然而然會選擇「讓人感覺舒服的人」、「親切的人」。而公司也正是想要這樣的人材。

如果你從來沒被初次碰面的人搭過話，請留心自己是否目露凶光或嘴角下垂。

【一對一商務會談篇】在關鍵時刻「沉著以對」的說話方式

不擅於「在多數人面前說話」的人在社會上並不少見。

那如果是一對一的交談，會如何呢？

有些人因為有許多在群眾面前演講的經驗，就算不到擅長的地步，隨著社會經驗累積，也能圓滑處理這類場面。

另一方面，也有人總是不擅於一對一的對談。

而擅長商務會談者與不擅長商務會談者，有著什麼樣的不同呢？

順暢「進行商務會談」的四大重點

1 記住要顧慮對方用心且不忘感謝

我認為，能夠順暢展開商務會談、成功簽訂契約的人，不只在對話時能做到

「顧慮對方，並且懂得禮數」，而且也「善於表達自身的感激之意」。

範例

「初次見面，我是△△公司的○○○。非常感謝您今天撥空與我見面。」

「我是□□公司的×××。我才要謝謝您，在這麼熱的天氣裡，您還特地前來，真是麻煩您了。這邊的路還好找嗎？」

「還滿好找的。貴司就在從車站出來後不遠處，馬上就看到了。您們的辦公室很漂亮呢！」

「謝謝誇獎。我現在就去拿點喝的過來，請您稍坐一下。」

……

「很謝謝您今天願意撥出寶貴的時間。」

「我才要感謝您，給我們這麼好的機會。」

「聽到您這麼說，實在太榮幸了。我會好好努力，希望能對貴司有幫助。今後請您多多指教！」

「哪裡，也請您多多指教。回去路上請小心。」

尤其在開始進行會談前與結束會談後，是感謝對方抽空見面與表現體貼的好時機。

在商界，可不能抱著「這種事不用說，別人也知道」的想法。

這麼說！對方聽了也覺得舒服

商場上可以使用的常用句

- 期待還能再見到您。
- 請代我向〇〇先生／小姐問好（若有共同認識的人）。
- 非常感謝您惠賜我寶貴的時間。
- 能夠與您同行是我的榮幸。
- 久仰大名。

這些句子雖然老套，但對方聽了也不會覺得不舒服。
為了讓會談能夠順暢進行，活用這些句子不會有損失。

2 以破冰技巧讓商務會談順利進行

所謂「破冰」（ice break），就是打破、融化冰層之意，在進入正式會談前，如果先稍微閒談，將有助於商務會談順利進行。

直接切入正題，使用「破冰」的方式讓對方卸下戒備，也能使氣氛和諧。能做到這點的商業人士便能提高簽約成功率。

Check 成功破冰的5大重點

❶事前先確認好要前往拜訪的公司或人士的網站、部落格等資訊。

「聽說貴司要發表新產品呢！」、「這次展覽的反應如何呢？」之類。

❷抵達辦公室前的路途上，大致看看周邊環境。

「車站離公司很近呢！」、「附近很多餐廳耶！」之類。

❸抵達辦公室後，仔細觀察環境並給予讚美。

「從辦公室看出去的景色很好耶！」、「年輕員工很多，很有活力呢！」之類。

❹不知道要聊什麼時，就聊「天氣」吧。

「最近比較暖和了呢」、「有點擔心颱風會不會來呢」之類。

我會再加上「❺關於家鄉的話題」，這可是不可或缺的。

例如，我來自名古屋，可以從微妙的腔調差異聽得出是名古屋腔還是關西腔，所以經常會詢問對方：「請問您是哪裡人呢？」

同鄉話題肯定會炒熱氣氛。但就算不是同鄉，也可以使用和家鄉有關的談話內容，尤其是食物或觀光景點帶起話題。

一聽到別人對我說「名古屋的味噌豬排很好吃耶！」、「如果出差去名古屋，我一定會去吃炸雞翅！」就好像自己受到誇獎一樣，會有點小開心。（笑）

即使是東京人，也可以聊些「是在～線沿線呢！」、「有很好吃的麵包店吧！」諸如此類，可以無限擴展關於地區的話題。

為了掌握與自己完全不同年齡、職業、興趣及嗜好的人也能聊得開心的技巧，我時常會將美容院或一般商店的店員當作對象來練習。

在商場上，「閒談力」就是我們最需要掌握的基本技能。從日常生活磨練起吧！

3 做出反應很有效！

有句話是：「成功的業務員，不會只顧著說自己的事」。「懂得聆聽」對業務員來說是必要的技能。

而且，為了要成為懂得聆聽的人，也要懂得「給予回應」。「給予回應」代表了「我正在聽你說話」、「我懂你」的意思，因此比起自己說話，要更有意識地給出回應。

Check 回應的重點

回應分為「消極聆聽」與「積極聆聽」。

消極聆聽是「沒有目光接觸、面無表情、沒有回應、雙手交叉抱胸或翹二郎腿、不做筆記」。

而積極聆聽則為「**目光相接、表情配合對方所言、有所回應、勤於筆記**」。

你覺得跟哪種人比較好聊呢？

懂得說話也要懂得聆聽。在商務會談時，請留意自己是否有展現出積極聆聽的態度。

❶看著對方的眼睛，點頭回應

怯場症者中，有許多人並不擅於看著對方的眼睛。**但談話時，目光如果沒有相交，對方便會因此感到焦慮，懷疑你是否真的在聽。**

當對方在說快樂的事，就以笑容回應；而在說重要的話題時，就以沉著的表情聆聽，點頭回應。

❷準備好不同的回應方式

「原來如此！」、「是這樣啊！」、「讓我上了一課！」等等，請先準備好各種回應方式。不過，**老是做出「原來如此～」，或是「喔……」、「嗯～」這類有氣無力的反應，對方也會懷疑「你真的有在聽嗎？」**要注意喔！

在商務場合可以使用的5種回應

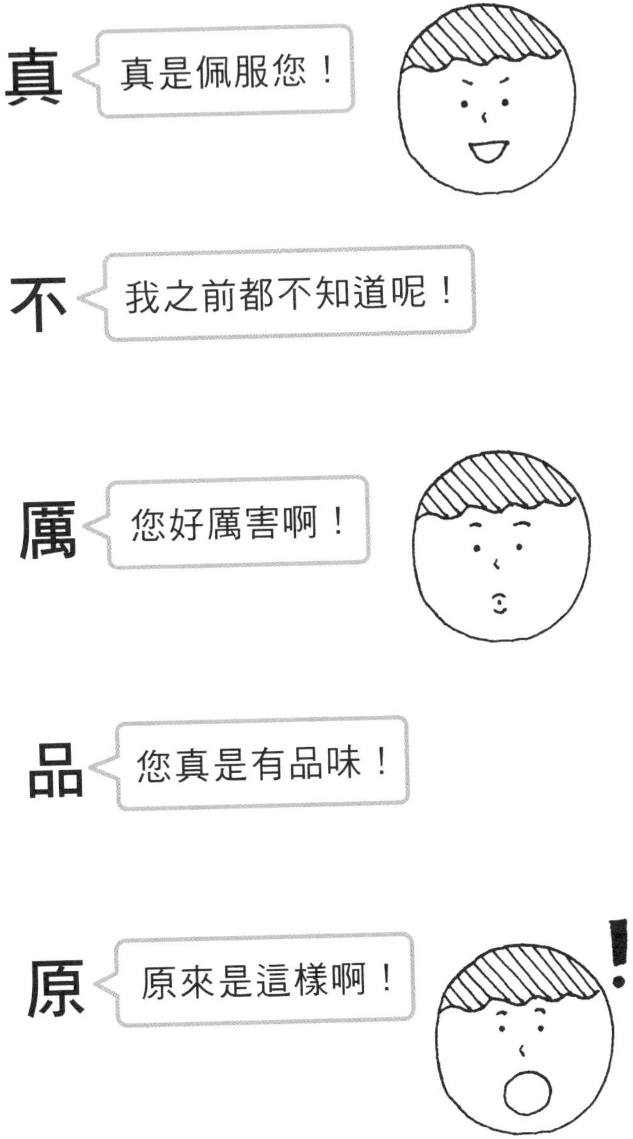
真
真是佩服您！
不
我之前都不知道呢！
厲
您好厲害啊！
品
您真是有品味！
原
原來是這樣啊！

❸ 別人說話時別打岔

對方在說話時，插嘴是很不好的行為。

當事人一面思考內容架構、一面說話，正要進入主題，說著「那麼，接下來就……」的時候卻被打斷，不管是誰心情都會不好。

配合對方說話的節奏或空檔，在對的時機給出回應吧！

在日語裡，「回應」的漢字寫作「相槌」，源自鑄鐵師於打燒金屬時，徒弟趁著師父打鐵的空隙跟著槌打的樣貌。

要是沒有抓對時機，不小心就會造成不小的傷害，請千萬注意！

4 做筆記提升形象

在一對一的私人課程，或是在上百人面前的演講上，我看到勤於筆記者就會有好感。

碰到不做筆記，之後又再問同樣問題的人，我就會想「這明明剛剛已經說過了啊～」為此覺得遺憾。

做筆記，其實就是積極學習的表現。請儘量做筆記吧！

在研習班或商務會談上，我也會做筆記，之後則會回頭去看筆記。

即使我是授課老師，如果聽眾所說的內容對我有幫助，我也會告訴他們：「您現在說的話對我而言很重要，請容我做個筆記。」我想，應該沒有人會對此感到不妥吧。（笑）

尤其在你還是新進人員的時期，請一面點頭回應，一面努力做筆記。勤於筆記的人，能給對方「這個人願意好好理解我所說的話」的正面形象。同時，「積極學習的態度」也會讓對方更想跟你講話。

如果讓對方說出「不知不覺就跟你說了那麼多」，這在商務會談便是相當大的成功！

由你發言的場合也是如此，請仔細針對內容做筆記，不要漏掉，這會是很有幫助的事。

一邊看著事前準備好的筆記，一邊說話也無妨。「感謝您惠賜寶貴的時間，不好意思給您添麻煩了，請容我一邊確認筆記內容，一邊發言。」對方聽到你這麼說，也不會覺得不舒服。這比在之後才說「這項我剛才忘了問了」又確認好幾次，來得好多了。

讓對方感受到「你願意重視和我開會的時間」，這樣的商務會談肯定能順利進行。

不過，如果「完美地做好筆記，卻只是照唸」、「埋首於筆記，卻沒有將注意力放在對方身上」，就會顯得很失禮。

請將筆記當成是用來彙整內容的重點，能幫助你進行確認的工具。

在重要時刻也能沉著以對的拜訪禮儀

在我開始為怯場症者舉辦講座時，有過令我感到非常驚訝的經驗——容易怯場的人之中，有許多人並沒有時間觀念。**不擅於在他人面前發言的人，偏偏有很多是遲到大王。**

不少人是一邊氣喘吁吁、一邊慌忙衝進來上課的。

而在這樣的狀態下，怎麼可能有辦法靜下心來說話呢？

不管是拜訪客戶也好、考試也罷，為了不忙不亂地沉著應對，請謹記：從你出發到會場的那刻開始，就已經拉開節目的序幕了。

❶ 比預定時間提早五分鐘或於剛好的時間抵達客戶公司。太早或太晚都會帶給對方困擾。如果會遲到，務必聯絡對方。

❷ 抵達櫃台後，再次檢查儀容。夏季時，記得確認自己是否還在流汗；冬季時，就先脫掉大衣及圍巾。

❸ 告知對方「您好，我是○○公司的○○，敝姓○。我與××的□先生／小姐在下午一點有約」，請對方協助通知。

❹ 在候客室時，倘若客戶抵達，要馬上起身並交換名片。

體面地交換名片的方法

要是不清楚基本禮儀，在重要時刻會更添緊張。請先記住交換名片的禮儀。

1 拜訪時，請先拿出名片夾，好讓自己可以馬上抽出名片。基本上，拜訪者這方要先遞出名片。

2 兩手拿著名片，從略低於對方的位置遞出。「我是○○公司的○○，敝姓○」清楚報出自己的名字。

3 右手遞名片，左手接名片。「謝謝您的名片。請多指教！」一面說，一面左手接過名片。接到名片後，也將右手加進來，用雙手拿著，靠於名片夾上。給予一句讚美，如：「好特別的名字！請問要怎麼唸呢？」、「好棒的名字！」等等，就會給人良好印象。名片請維持拿在略高於胸口的高度。

4 收到對方名片後，請不要立刻放入名片夾裡。在會議時，請將對方名片放在名片夾上面。
商務會談的對象如有數人，就將職位最高者的名片放在名片夾上方，而其他人的名片則依座位順序排列，儘量記住對方的名字。

5 一般來說，將名片放入名片夾的動作是差不多要結束會議的暗示。

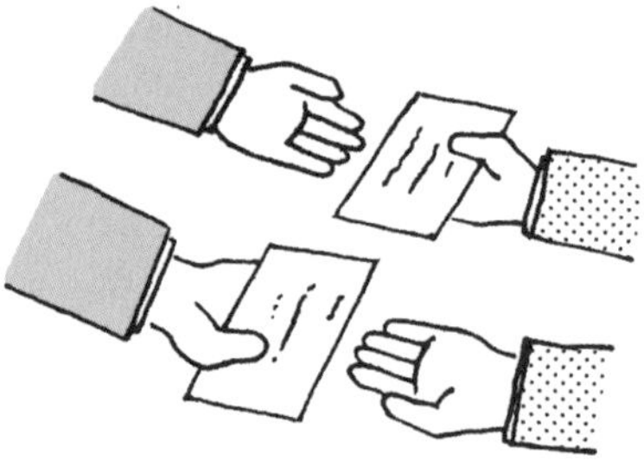

! 萬一忘記帶名片

當對方拿出名片，但你卻沒有給對方名片，是相當失禮的行為。然而，你可以向對方道歉：「非常抱歉，我現在手邊沒有名片……」並且在之後以郵寄的方式，或於下次見面時補上。

【上台簡報篇】讓任何人都不禁認同你的說話方式

對有怯場症的人來說，「在眾人面前做簡報」，可能是人生中難度最高的事。不過，只要在明白對象、理解目的之後確實做好準備，就不需要那麼害怕了。「沒有挑戰就沒有成功」！請將上台簡報當作克服怯場的挑戰來承擔，仔細做好邁向成功的準備吧！

適合商業場合的「簡報」十大重點

1 明白對象

這是指你要對「誰」做簡報？請先調查好出席人數、行業、年齡、性別、關鍵人物、需求。

2 理解目的

簡報的主角不是簡報者，而是聽眾。目的是「察覺聽者在想什麼、在期待什麼，並且讓聽者理解簡報者的訴求」。

3 確認時間

請不要超過你分配到的時間。請先確認好上台簡報之前與之後的預定行程。

4 掌握全面情況

組織簡報的大致流程，考量時間分配以及大約的進程。

5 明確提出重點，決定要加入的內容

將要傳達的內容條列式呈現，進行整理。根據你所分配到的時間添加內容。還沒習慣時，寫出內容便能整理思緒，也能剔除不必要的話語及內容，使簡報更有重點。

6 演出的舞台

確定會場後，要確認空間、配置、空調、照明、交通等。也別忘記要確認簡報工具。為了要減輕緊張感，事先場勘非常重要。

7 對視覺下功夫

如果能把Power Point之類的視覺工具用得順手，訴求視覺會更有效果。但如果操作不順暢，聽者就會把注意力轉移到錯誤的地方，因此要先確認好操作流程。

8 「視覺之手」有助呈現

「視覺之手」不只是工具，如果使用得當，可以讓聽者保有新鮮感，簡報也會更有張力。也要考慮到是否須將資料或物品高舉，以便聽眾觀看。

雙手叉腰抱胸，或將手放入口袋、用手指對方之類的行為，看起來會讓人覺得傲慢又自大，因此絕對要避免這些動作。另外，把玩簡報棒或筆記用具，也會讓人覺得你不夠沉著，造成負面形象。

9 記得「第一印象法則」

在簡報開始前，簡報者給人的第一印象很重要。請檢查服裝、姿態、表情以及傳達眼神的方式。我建議你可以錄下影片，在鏡子前練習。

10 滿懷熱情

說話流暢、資料詳盡、簡報內容面面俱到，雖是任何演講的共通點，但不一定會打動人心。最為重要的，是簡報者有沒有展現出對自家商品、自身發想的熱忱與心意。

簡報就是要打動人心，而成功的關鍵正是在於氣勢與熱情。

讓你正式發表時也不焦躁的四大步驟

1 受到請託~發表前一週

❶ 受到請託

首先就歡喜承接下來。這時，要確認目的、職責、所擁有的時間、聽眾是誰。

目的▼
聽眾▼
擁有的時間▼

❷ 思考架構
準備相關資料。一邊考慮你所擁有的時間以及優先順序，一邊思考整體架構。

❸ 製作摘要
加入圖表或照片等視覺化資料，製作摘要。也可以活用視聽器材之類的簡報工具。

❹ 依據需要製作腳本
一面實際唸腳本，一面確認時間。

2 發表前一週~前一天

❶ 仔細排練

穿上發表當天的衣鞋，預想正式上場，進行排練。讓別人聽聽看你的內容，並請對方給予客觀建議。錄下影片後，別忘了檢查姿態與笑容。反覆排練，直到能夠完全掌握為止。

❷ 上台前一天早點就寢

吃些容易消化的食物，早點休息。別多想不必要的事，以「我準備好了，沒問題」的心情放手一搏。

3 當天

❶ 早點起床，綽綽有餘地整裝出門

緊張會導致消化機能下降，因此飲食要清淡。

❷ 出發前做伸展操與發聲練習

先做紓緩緊張的伸展操，也先試著發出聲音看看。將講稿內容從頭到尾大略唸出聲，就會比較安心。

❸ 早點進入會場

可能會遇到電車誤點或路上塞車，早點出發比較好。

❹ 抵達會場後，向相關人員打招呼

一面閒聊，一面為發聲與笑容暖身。儘可能去認識其他人，將客場轉換為主場！

❺ 站在前方

站在實際上要演講的地方，進行想像訓練。習慣會場大小後，便能緩解上場時的緊張感。

4 正式上場

❶輪到自己上台前，把注意力放在別人說的話，克服等待中的緊張。
❷若開始感到緊張不安，就使用腹式呼吸釋放多餘的力量。
❸輪到自己上場時，慢慢往前邁步。一旦在此感到慌張，心跳也會加快，所以要沉著應對。
❹站在前面，以目光環顧現場聽眾，深吸一口氣再開始說話。
❺為了說話時不會音量太小，要注意自己是否有用腹部發聲。
❻鞠躬敬禮之類的動作要緩慢而仔細。
❼將注意力放在說話的內容與目的，別忘記向前來聆聽的人們表達感激之意。
❽結束發表後，請馬上將注意力放在別人的發言內容上。

可以在簡報或研習班上使用的「迴避注目術」

在簡報時或是研習班上，由於多半是說話者單方面對聽眾說話，更容易會感受到別人的目光。而一旦開始怯場，就會因無處可逃而感到不安。

這時，最好把**單方面說話** ↓ **雙方交流**，也就是將情況轉變為分散注目的狀態。

緊張是會傳染的，如果在簡報、研討會之前先跟聽眾朋友們聊天，就能馬上增加對會場的熟悉感。

我建議用以下方式讓聽眾參與：

- 在簡報、研討會之前，先進行自我介紹或交換名片。
- 採取兩兩一組或小組作業來進行。
- 讓聽眾幫你唸出資料。
- 向聽眾提問、尋求意見。
- 安排Q&A時間。

透過安排這些方法，還能提高聽眾的滿意度，一兼二顧。

研習班講師也會使用的「超級密技」

像是培訓講師這類被稱作公眾演說家的人們，在緊張感升高時，其實都會使用如下所述的密技。以下介紹我也常使用的方法：

- 喝水
- 走來走去
- 使用白板
- 換另一隻手拿麥克風或雷射筆

只要積極「活動身體」，就能收斂過度的緊張感，將緊張控制得恰到好處。

請務必試試看！

【會議．聚會篇】成為「很會延續話題的人」的說話方式

當我還在名古屋當公務員時，最討厭的就是出席會議了。

問題並不是會議的內容，而是我很不會在別人面前發表自己的意見。

隨著經驗累積，雖然也開始有自己的想法，但我會為了不被點到名而低著頭；就算其他人尋求我的意見，我也會用「我沒什麼特別的想法」一句話來結束

發言。

在這樣的狀態下，別人是不可能會信賴我而將工作託付給我的吧……（那時的上司與各位前輩，真的很抱歉！）

在商務場合中，「我就是很不會講話」的想法可不適用。

在別人尋求你的意見的重要時刻卻不發言的商業人士，被認為是「沒有幹勁」、「沒有氣勢」也是莫可奈何。

會議、聚會就是磨練溝通技巧的絕佳機會。

比起懊悔於「我今天什麼都沒說出口」，不如試著積極發言看看吧！

讓氛圍順利和諧的「會議・聚會」六大重點

1 早點進入會場

這是開口之前的問題，絕對禁止遲到和毫無理由的缺席，因為這會給人散漫的印象，請遵守身為社會人士的最基本規則。

而且一旦遲到，就得花更多時間習慣現場的氣氛，也就是會「受到當下氣氛影響」，因此更容易緊張。遲到、偷偷溜進會場都是百害而無一利，請千萬注意。

2 注意要按著內容進程發言

為了避免因未能掌握會議重點或周遭狀況而離題，務必要專心聆聽會議上其他人的意見，掌握內容進程。

3 簡潔俐落地表達自己的意見

會議是在有限時間內進行意見交換的活動。冗長、沒有結論，或是讓人摸不著頭緒的內容都會帶給旁人困擾。

請事先準備好根據需要彙整出的重點筆記或資料！

4 不要以「好」、「不是」來結束發言

雖說評論短點會比較好，但只說「好」、「這樣就好」，不免讓人覺得稍嫌不足。透過一句話來補充對方的意見，像是「我贊成○○的想法，我認為可以期待有××的效果」之類，表現出存在感為佳。

5 不要過於斬釘截鐵

「這個錯了」、「沒這回事」像這樣劈頭否定對方的意見，就會引發因情緒而起的口角。說出相反意見時，要使用「我明白您所說的，但……」、「您說的沒錯，不過……」之類的話語來緩衝，尊重對方的立場。

6 面對相同意見

你有過在會議上依序發表意見，卻有人搶先說出跟你相同的看法，讓你不禁焦急起來的經驗嗎？

若是只回答「那個……呃……我跟○○先生一樣」，不免有些可惜。這種時候，你可以提出「我跟○○先生的看法一樣，我也覺得……」、「我的重點與○○小姐一樣，而我來說……」之類的回應，務必要以「我」為主詞，讓別人覺得你確實也是這麼想，而非依附於他人的看法。

讓情況惡化的說話模式

你是否在不知不覺中用了討人厭的模式來說話呢？

1 單方面自說自話

有很多人會認為自己很會說話。但交談是拋接球遊戲，只顧著自說自話，而不讓對方有發言的機會，是很惹人厭的。

2 不聽別人說話

對方在說話時，你突然說起別的事，就是沒在聽對方說話的證據。所謂插嘴，就是「中途打斷他人發言」，請勿做出這種行為。

3 別人跟你搭話卻沒有回應

別人向你搭話，但你卻沒有反應，這和否定他人是相同的行為。身為社會人士，這種行為可是不及格的。

4 大部分都在對別人說教

認為自己絕對正確的人也很多。一直要別人聽你說教是很令人受不了的，請適可而止。

5 多是抱怨、仇恨或消極的內容

與老是說些負面話語的人交談，自己的心情也會變得不好。儘量使用正向的話語吧！

6 馬上否定別人所說的話

使用「談話的魔鬼詞彙（如：但是、可是、反正、不過、雖然）」直接否定對方的人，任誰都不想跟他說話。建議先接受對方的言論，接著再表達自身的看法。

7 把別人當笨蛋的說話方式

「這你會嗎？」、「你不懂吧？」……即使對方比較不足，輕蔑他人的說話方式還是會讓人懷疑這個人的人品。

8 態度優柔寡斷

我們可以經常從不擅長溝通的人身上看到這項缺點。有些人無法確切表達出自身想法與立場，而這乍看是配合對方，但其實是缺乏自己的信念。這類人遲早會無法受人信任。

9 聲音太小

一旦別人聽不清楚你在說什麼，就得反覆詢問好幾次「咦？什麼？」並為此感到疲累。聽你說話的人會覺得是不是自己提問的方式不夠好，也會感到有壓力，並對跟你說話感到煩膩。

另外，依據場合不同，說話聲音太小有時候也會讓人覺得你好像自以為了不起。上司對下屬說話小聲，下屬會專注聆聽；但如果你不是上位者，當對方沒有專心傾聽就不會懂你在說什麼，甚至會覺得反感：「你以為你是誰啊！」

10 說話太快

說話太快會給人「喋喋不休」的印象。聽者不只聽不懂內容，也容易感到疲倦。

11 死氣沉沉

說話沒有張力，只用一種音調講話。由於沒有抑揚頓挫，便會令人覺得你說話無聊乏味。

12 用命令語氣、用詞蠻橫

在職場上，如果用「你教我啦！」這種別人理所當然要教你的語氣來說話，會使得對方不禁認為「這種事你自己想啊，問我幹嘛！」

但如果是說「您覺得如何呢？我可以找您商量嗎？」職場上的前輩應該不會為此感到不舒服才是。

而且，人們討厭被命令、指使，切記不要用「你就～」的命令語氣講話。當別人聽到對方說「如果～的話，如何？」就會想要儘量回應對方的需求。

使會議氣氛活絡的正向用語

「只要有那個人在，氣氛就會變得很活潑」，大家應該有遇過像這樣的人吧？

積極的人發言也同樣積極。光是說出下面任何一句話，就能改變職場氛圍。

1 **「太感謝了！」、「真是幫了我大忙！」**

當別人幫了你忙，請馬上表達謝意。看著對方的眼睛好好道謝。認為就算自己什麼都不說，別人也都知道的態度則有失謹慎。

2 **「你很努力了呢！」、「辛苦了！」**

有沒有這一句話，會讓職場氛圍完全不同。慰勞的話語會給人勇氣，讓職場開朗有元氣。

3「這好有趣喔！」、「我們來試試看吧！」

當上司或前輩、同事告訴你一些構想時，先別急著挑毛病，試著說出「很棒的構想耶！」、「這好有趣喔！」這樣的話。

馬上就否定「這不太可能順利進行」的人，任誰都不想跟你說話。如果有什麼覺得奇怪的部分，從那點思考就行。

4「請讓我來！」、「我想挑戰看看！」

就算是難度有點高的工作，也請積極地挑戰看看吧。

經驗就是你的財富。假使最後沒能順利進行，應該也會從中學到不少。積極正向發言的人自然會有好人緣。

check 在會議上絕對NG的話語

✕「我太忙了，這我無法。」

▼

○「雖然會很辛苦，但值得去執行。」

✕「我沒自信，請容我推辭。」 ▼ ○「雖然感覺有點難，但我願意挑戰！」

✕「不對，這個不是這樣。」 ▼ ○「這也是一種想法呢！」

不會讓對方感到不耐煩的討論．報告方式

1 首先簡潔說出重點，詢問對方的狀況

✕「部長，現在有件事讓我覺得很煩惱……預定在春天舉辦的展覽主題，因為有二、三個選項所以很難決定，而且剛才財會部對預算唸東唸西的……」

○「想跟您討論預定在秋天舉辦的展覽的預算問題。不知您是否有時間呢？」

2 報告時先說不好的部分

一般而言，報告會從結論開始說，尤其是結果不好的就該早點說。拖著不說，或是報喜不報憂都不是好的做法。

雖然報告不好的消息需要勇氣，但從結果來看，早點說能讓傷害稍微降低。

3 客觀傳達事實

討論、報告的注意事項就是要正確傳達事實。如此，上位者才能根據該項報告下判斷。

然而實際上，要正確傳達事實意外困難，因為我們是透過自己的立場來觀看與聆聽，不小心就會有主觀的判斷。

先客觀傳達事實，再講述自己的看法，或者一定要聲明「這是我個人的意見」。

例　去了非洲的鞋店業務員故事

從前有兩個業務員為了賣鞋去了非洲。

到非洲後，兩人都驚呆了！因為非洲的人們各個都打赤腳走路。

因此，業務員甲說：「非洲沒有半個人有穿鞋，鞋子不可能賣得出去。」

業務員乙則報告：「非洲沒有半個人有穿鞋，所以鞋子有可能大賣。」

每個人對事物的認知有所不同，就算是單一事實，也會得出完全不同的結論。

「大家都沒有穿鞋，所以鞋子無法大賣。」
「大家都沒有穿鞋，所以鞋子會大賣。」
不管哪個都是自己的看法，而非事實。首先就學會傳達事實就好。

讓會議能順利進行的必要事項

讓成員發言，也要尊重每個人的意見，並且整理、彙整、引導某個結論，就是主持會議者的職責所在。

能否讓全體成員都感受到公平對待、認為這是有意義的會議而懷著滿足感解散，其進程與呈現就要看主持者的本事了。

雖然有難度，但值得我們去執行，試著積極挑戰看看吧！

1 說話讓人一聽就懂

讓全體成員都能夠聽到你說話、發音清楚易懂、用字遣詞謹慎，是主持者的必備條件。請從日常生活就開始先執行發聲、發音的練習。

2 外表形象很重要

不只聲音，主持者的動作、表情都會傳達給與會成員。所以，除了說話方式之外，還必須注意儀容、表情與眼神。

3 情緒保持穩定

當討論愈來愈白熱化，就連主持者都跟著吵得臉紅脖子粗的話，局面就會變得難以收拾。主持者不可情緒化，要冷靜進行討論程序。

4 能夠公平公正地進行會議

態度公平地對待與會成員，不先入為主。

而若特定的人持續發言，就要加以督促，好讓別人也能發表意見。不過，如果有人一句話都不說，司儀就要先丟出話題，營造讓人容易參與的氛圍。

【婚禮・派對篇】成為「說話得體的人」的說話方式

一到五六月或十月、十一月的婚禮或派對旺季時，到我這邊來臨時抱佛腳上課的人就會急遽增加。

以下介紹一個例子。

下個月要在部下的婚禮上敬酒致詞的S先生，一年前當眾演說時，因腦袋一片空白，導致演講偏離原本準備好的內容，而心理受創。但我告訴他：「這次有我有，沒問題的，讓我們一起雪恥吧！」他便立刻讓我看了他所準備好的講稿。

感覺得出他用心良苦，紮紮實實寫滿了一面A4大小的紙。

但我看了一眼，不禁覺得內容有點冗長。

敬酒致詞的長度我建議控制在一分鐘之內，三十秒也可以！

這是因為在該場合下，大家都是站著且手持酒杯的狀態。

各位讀者不知是否有過這樣的經驗？聽著冗長的致詞，舉著酒杯站好，手腕卻愈來愈沉，想把酒杯放下來……。只能眼睜睜地看著美味的啤酒泡泡逐漸消掉，再也沒有比這更哀傷的事了。這絕對是我們需要避免的狀況！

我用兩分鐘大致看過講稿後，就與S先生一起重新檢視，討論要如何整理講稿以縮短內容。

首先，我問他有沒有最想要傳達的事，然後在那部分畫上底線，標出重點；接著刪除重複的表現、不必要的語句。這樣調整文章，內容就會變得簡潔有力。

還有，我告訴他，你只要在最後帥氣地帶領大家舉杯敬酒即可。

不硬是完整背下講稿，就不會有腦袋空白而偏離主題的狀況發生。

即使一時離題，或句子前後顛倒也無妨，練習時就這樣繼續講下去。

如此反覆數次，「很有S先生說話的風格與用詞」、「有S先生的風采」、「S先生想要傳達給新人的話」的內容就會愈來愈鮮明。

對於怯場症者而言，「在正式場合演講」的難度很高。不過，只要你成功一次之後，可是會上癮的。（笑）

好好準備，你將嘗到的不是「後悔」，而是「暢快」的滋味！

不會讓你出醜的五個「演講」重點

1 明白講得太久會讓人感到困擾

如果人家認為你的演講「好久啊～」就出局了。原則上，敬酒致詞或新郎致謝要在一分鐘之內結束，演講的話則是三分鐘之內解決。

寫好講稿後，請務必計時，增減修正。

2 建議演講架構使用「三段結構」

如同第二章所介紹過的，短講就用「三段結構」來組織內容，也就是「序論、本論、結論」為佳。

❶「序」↓說出祝福的話語、自我介紹

「○先生、△小姐，恭喜結為佳偶！還有，對新人雙方家屬與親戚朋友們，我也要在此由衷獻上祝福。
我是新郎的直屬上司，□□公司的■■部長，敝姓☆。接下來就由我來獻上給這對新人的祝詞。」

❷「本」→介紹新郎新娘的性格或其在公司活躍的程度
「新郎○先生在××年進公司之後，主要負責▲▲的開發相關業務，他受到大家愛戴、對工作充滿熱忱，……（加上具體的小故事）」

❸「結」→給予勉勵的話語與收尾
「請一定要建立一個永遠幸福的家庭。我由衷希望兩位新人永浴愛河。今天真的非常恭喜兩位共結連理！」

3 不要太過依賴「演講範例集」

在我的課堂上，我會請學生儘可能自己去思考關於演講的內容。因為演講功力要進步，「書寫講稿的練習」也包含在其中。

其實，學生所準備好的講稿是不是出自常見的「範例」，我一看就知道。因為演講範例是由跟我們毫無關係的陌生人撰寫，與我們的說話方式、氛圍並不相符，所以會有「不自然感」。

範例集是普羅大眾通用的內容，也就是說，是「不管誰說都一樣」、「任何人都能夠反覆使用」的內容。

參考範例沒有關係，但請不要完全照抄！

本書為了要讓讀者掌握演講流程，刊載了簡單的招呼句以及收尾句，不過就沒有特別收錄主題和小故事的部分。

由於小故事是最為重要的部分，請務必自行思考。

若是學生時代的朋友，就講年輕時的趣事；同事則聊工作，自然而然會有話題。甚至可以不侷限於近期發生的事，以「過去↓現在↓未來」的時間軸擴展，就會有更多的小故事。

引用某句名言或老生常談則適度就好，打造專屬於你的演講稿吧！

4 根據立場改變內容

如果是在婚宴或派對等場合致詞或演講，務必要事前確認「在什麼時機？」、「以什麼立場？」來說話。

即使都稱為「在婚宴上致詞」，但目的會依據情況完全不同。

例如，在婚宴時，由新人的上司等來賓負責的主賓致詞，因為是在敬酒前大家還沒喝酒的狀態下進行，因此需有正式莊重之感。

要避免內容過於隨意，黃色笑話當然更不能亂講！

敬酒後的親戚或朋友致詞，由於屆時大家已經黃湯下肚，比起嚴謹的內容，具幽默感、能炒熱會場氣氛者更佳。

讓派對致詞成功的祕訣，就是要懂得判斷自己的立場與現場氛圍。

5 錄下影片確認儀容

若是婚禮或派對的場合，肯定有人會拍照或錄影，所以要留心外表給人的印象或一舉一動是否優雅有美感。

對於不習慣穿正式西裝或連身裙的人，我建議務必要先試穿當天上場的服裝，並且發出聲音練習。

尤其，不習慣穿鞋跟高的鞋子的人，因一緊張步伐就會不穩，所以一定要穿上和上台時同樣的鞋子，先練習敬禮或行走。

最後，錄下影片進行最終確認，客觀地觀察自己。「如果能做到這樣的話就行了！」、「這樣就算被其他人看到也沒問題！」如果能抱持著這樣的自信，就能幫助自己抑制怯場。

Check 稍微下點工夫，將客場氣氛轉為主場！

很多人就算已經有過在婚禮或派對上致詞的經驗，還是會感到緊張。但因為這類場合「並非日常生活的空間」，無關好壞，感到緊張是理所當然。這種時候就要下工夫，將客場轉換成主場。

像是：早點進入會場，以熟悉現場氣氛；以笑容向櫃台或主持人、主辦單位、同桌的人打聲招呼、聊聊天。當你愈來愈緊張，一看到帶著好意以笑容聆聽你說話的人，上台時就會非常容易開口，並感到安心。

主持活動時不慌亂的祕訣

我在十五歲到三十二歲的十七年間，在別人面前一句話也說不出口。公務員時期，無論餞別、迎新，還是春酒、尾牙的主持或活動規劃，都是由年輕職員來執行。但為了不要肩負主持人的工作，我都會主動擔任櫃檯招待或財務人員。

不過，開始在說話教室上課後，我變得可以在別人面前發言，也愈來愈有自信，成長為稍微能夠勝任聚會場合的主持人了。

隨著發聲練習及經驗逐漸累積，我受到了上司的誇讚，不久便受託擔任市府儀式或典禮的主持人。最後，市長甚至還以為我是專業播音員，而非政府職員。

以此為契機，我開始以成為專業主持人為目標。

雖然我已經能夠主持婚禮或活動，但這畢竟不是我的目的，「曾經有過極度怯場症」的我能否當個專業主持人呢？為此，我該做什麼樣的努力？我想要實際體驗，嘗試看看。

結論是：就算是怯場症者，也能周到地擔任主持的工作！在我的學生中，有好幾個人都克服了怯場症，成為專業的主持人，這就是鐵證！

1 要先掌握的主持須知

❶ 營造出讓旁人對你抱有好感的氛圍

活動主持人的第一條件，就是要讓人感覺舒服、有好感。請用清新爽朗的笑容迎接客人。

由於大家常會將目光聚焦於主持人身上，要留心自己的舉止是否優美。

❷ 身穿合適的服裝

打扮不可太過華麗，請穿著適合該場合的服裝。若擔任婚宴主持人，千萬不要身穿顏色近似新娘白紗的純白衣物。

❸ 恪守時間

雖然大部分的活動會比表定時間晚一些，但若延宕太久，是會帶給會場相關人員或出席者很大困擾的。主持人也要避免因不得已而只好省略致詞或餘興表演的狀況發生，所以還請儘早做好準備。

❹密切與主辦單位、負責人聯繫

時間、流程、背景音樂、照明等事宜要與負責人充分討論。若有變更，須馬上相互通知。

❺絕對不能搞錯名字

搞錯名字是非常失禮的行為。務必要事先確認好名字的唸法。

請時常將座位表放在手邊，確認講者或娛興節目表演者的座位位置，並先打個照面。

❻注意禁忌詞彙

喜慶的場面或是悲戚的場面，要注意禁忌的詞彙。寫演講稿時就要確認好。

但不小心說錯時，也不要特意提出修正，請直接繼續講下去。

❼ 發生事情時冷靜應對

發生麻煩或意外時，主持人如果沒有趕緊解決，出席者就會感到不知所措。無論何時，主持人都不可慌亂，務必冷靜應對。

2 讓手部穩定「握麥克風的正確方式」

❶ 握麥克風的位置

如果握住麥克風頭，聲音聽起來就不會清楚，而且容易產生噪音。另外，握住下端的話，如果是無線麥克風，就有可能收不到訊號而沒有聲音。因此，請握住麥克風中間的部分。

具代表性的禁忌語彙

結婚

離去、回家、切斷、回去、歸還、分開、厭煩、嫌棄、破裂、淡薄、疏遠、褪色、冷卻、淺淡、再度、生病、失敗、破滅、重複、死去、損壞、憂心、哀痛

懷孕、生子

流掉、掉落、破滅、死去、離世、失敗

新屋

火、紅色、緋紅、煙、焚燒、點燃、倒塌、化為烏有、損壞、傾斜、流掉、壓垮

開店

失敗、失去、掉落、關閉、哀痛、枯竭、冷清

探望災害或凶事

還有、再度、重複、隨後、接著、仍然、屢次、每每、往往、反反覆覆、頻頻、愈加、再三等疊字。

※中文編輯註：此處以日語中的禁忌為主，不過中文也有相似禁忌，如探病時不能說「再見」等。

❷握麥克風的角度

主持人等所使用的麥克風是有指向性的。傾斜四十五度左右，直直地將聲音傳入麥克風。

※所謂指向性（Polar Patterns）：

單一指向性麥克風：只能收到特定方向的聲音，如一般的手持麥克風、卡拉OK的麥克風等。

無指向性麥克風：能夠平均收錄各個方向的聲音，在採訪或會議等場合，想要將周圍所有聲音收錄進來時便會使用這種麥克風。

握麥克風的正確方式

握麥克風的錯誤方式

❸ 麥克風與嘴巴的距離

大概是一個拳頭的距離。拿太遠會收不到聲音，而太近則連呼吸聲都會收進去，成了噪音。

❹ 測試麥克風時

不要敲或吹麥克風頭，這會導致故障。只要說「測試、測試」、「麥克風測試」就行了。

❺ 兩手都能自在握持麥克風

有時因為我們會需要拿著資料說話，所以也要能夠自在用非慣用手握持麥克風，這樣會比較安心。

❻ 不要用力握著麥克風

一使勁握住麥克風，就會導致那隻手顫抖。要像是握住雞蛋那樣，輕柔地握住麥克風。

【初次見面篇】一見面馬上就能「縮短距離」的說話方式

怯場症者不只不擅長在眾人面前說話，也不擅於和初次見面的人交談，很多人都會「怕生」。

我也是如此。我在小時候相當怕生，甚至無法與親戚四目交接，也完全不開口，都躲在母親身後不敢出來，祖母還說我「真是不親人，一點也不可愛」。

直到四歲之我都沒辦法跟人面對面交談，據說母親還因為懷疑我有發展障礙，煩惱要不要帶我去醫院就診。

總而言之，我曾經是很內向又畏縮的孩子。在小時候所拍的照片裡，我全都板著一張臉，真的很難看。（苦笑）

但這樣的我現在卻能站在台上侃侃而談（笑），人生真的是很不可思議呢！

我的轉捩點，是在高中開始在漢堡店打工的時候。在這份工作中，待人處事也是一項訓練。當我知道自己先向他人打招呼的感覺很好，先跟別人搭話也會受到他們的感謝，便對與他人往來這件事愈來愈感到輕鬆自在。

某個電視節目曾經做過以下這項非常有趣的企劃。他們在街上做「你怕生嗎？」的問卷調查，分成「自稱怕生組」與「自稱不怕生組」兩組。

然後將這兩組各十人帶到不同房間，以隱藏式攝影機監視他們的行動（對方完全不知道有監視攝影機，也不知道企劃內容）。

果不其然，「自稱怕生組」都沒有人會找人交談。老是頭低低的，或是滑手機，就這樣過了三十分鐘以上；明明是影片，但透過監視器所看到的卻猶如靜止畫面。

工作人員中途拿了零食與果汁等慰勞品到房間裡，請大家自由享用；然而沒有半個人對此有反應。

另一方面，「自稱不怕生組」馬上就開始聊天。

當工作人員一將慰勞品拿進房間，「要吃嗎？」、「請用請用！」、「謝謝！」的聲音此起彼落，甚至聊天聊到欲罷不能。

最後，工作人員揭開企劃真相。

一問「自稱怕生組」怎麼不與他人交談，得到了「我需要跟別人搭話的勇氣」，還有「我不知道要說些什麼」等回答。

為了在與人初次見面也能不緊張地順暢聊天，就從「自己先打招呼」，然後「累積更多經驗」開始吧。雖然這是常見的論調，但卻最為有效。

check 你怕生的程度？

□面對初次見面的人，無法自己先打招呼。
□沒辦法在電車上、公車上讓位。
□想要點餐時，沒辦法出聲呼喚距離自己較遠的店員。
□無法在會議或研習上積極發言。

沒錯，上述這些情況全是發生在十二年前的我身上的事……

總之，我就是很怕在別人面前開口。因為很討厭受到別人注目，在電車上就算面前有年長者，我也會假裝在睡覺而沒有讓位。（苦笑）

我怎麼可能有辦法喜歡這樣的自己呢？如果這麼討厭自己，又怎麼可能在別人面前堂堂正正地說話呢？

若是現在，我當然一切都能積極以對！這是由於我累積了許多「很棒的體驗」，自己先開口，人家也開心，還會覺得感謝。

不擅於面對他人者，首先就從自己先打招呼，積極向對方搭話開始嘗試吧！

讓親切感瞬間提升的「親切感六字訣」

回到剛剛的內容，前述「自稱怕生組」之中，有位年輕男性的職業是美容師。他煩惱自己在幫客人洗頭或剪髮時，無法持續與客人交談。希望藉這個機會改變自己，當場接受了特訓。

首先，是要相互看著對方的眼睛，以笑容打招呼。

接著，跟對方聊**「天氣話題」**＆**「生活環境的話題」**。

所謂天氣話題，就是「今天也很熱呢（很冷呢）」、「好像傍晚會開始下雨唷」之類的氣溫或天氣的話題最安全了，而且對象不分男女老少都能聊。

「生活環境話題」可說是尋找共同點。「是○○區嗎？△△線，是吧？我就住在在××耶」、「我唸書的時候住在那附近呢！」、「那裡有很好吃的蛋糕店對吧？」諸如此類，生活環境或出身地的話題可以無限擴展。

人們對和自己愈有共通點的人愈「聊得來」，而會懷抱親切感。

我是名古屋人，因此在東京工作或有聚會時，遇到來自愛知縣的人當然不用說，光是碰到東海三縣（註：愛知縣、岐阜縣、三重縣）的人，甚至光是碰到同為出外人的人，就能令我感到相當開心。

其實，在東京的人多半是外地人，這樣守備範圍就很廣泛了。

不限於東京，「我是福岡人！」、「我是長崎人！」……不可思議地，光是同樣來自九州，就會立刻湧現出一股親切感，對吧？

再來，我建議大家記住左邊的「親切感六字訣」。由於興趣或旅行話題容易找到共通點，就持續使用看看吧。

就算初次見面，也能成為「好友」！具有魔法的「親切感六字訣」

興 ▶ 興趣的話題

休假時會做什麼呢？

詢問對方興趣或傾注一生投入的工作或事情（Life work）。

旅 ▶ 旅行（食物）的話題

連假去了哪裡玩呢？

很多人對旅行或美食的話題有興趣。

工 ▶ 工作的話題

您的工作是什麼呢？

因工作甘苦談而急速拉近距離。

天 ▶ 氣候（天氣）的話題

很熱呢。

很冷呢。

這鐵定可以開啟話題。

友 ▶ 朋友（夥伴）的話題

會跟學生時期的朋友見面嗎？

不只是現在，也能輕易將話題延伸到以前的事。

家 ▶ 家人的話題

有兄弟姊妹嗎？

長男（長女）、獨生子女的話題意外好用。

當然，可不行只是聽對方說。

用「複述＋一個問題」的技巧就能延續交談。

所謂「複述」也稱為「回溯法」（backtracking），是一項藉由將對方所說的話再重複一次，給予對方「他正在理解我所說的話」之印象的技巧。

然而，這項技巧一旦過度使用，便會令人感到厭煩，所以適度就好。

最後加上一個問題詢問對方，談話就可以延續下去。

例

「您休假時會做些什麼活動呢？」

「每個月會去踢一次足球」

「踢足球嗎？很棒耶！其實我高中時也是足球社的喔！」

「足球社很厲害耶！現在還有在玩嗎？」

「現在沒在玩了……不過因為我運動量不足，正想說要不要去運動。您都跟誰一起踢球呢？」

「雖然是同事比較多，但任何人都可以參加喔。下次要不要一起踢球？」

「好啊，請您務必找我！」

然而，如果是不擅長聊天的人，大概就是這樣的感覺——

例

「休假時會做些什麼呢？」

「沒有特別去做什麼……嗯，硬要說的話，就是踢足球之類……」

「這樣子啊……」

「……………………」

這樣丟出問題的一方會很辛苦！在這個對話中，顯然看不出想要瞭解彼此、找出共通點之類的努力吧。即使是初次見面，如果有想與對方一起享受當下時光的心意與努力，交談自然會持續下去。

那麼，身為美容師的男性接受了僅僅十分鐘的特訓後，與他任職美容院的客人合作，實際嘗試用方才提到的以「複述＋一個問題」的技巧來交談。

透過監視器觀察，這次他就確實讓交談延續下去了！

而客人、美容院老闆對此都感到很滿意。在這之後，他也變得有自信能夠接待客人。

如上述所示，聊天就是一種訓練。

「因為我怕生，不說話也沒差」、「要是對方跟我搭話就好了」這類的想法，在私底下也許堪用，但要在社會走跳是不行的。

所以，不用把「和初次見面的人順利聊天」這件事想得那麼困難，**就當作是身為社會人士，一旦掌握就不會吃虧的「禮節」即可。**

如同學習餐桌禮儀一樣，做不到不知道的事是理所當然，之後再學習、提升經驗值就好。

請不用太過害怕，持續累積經驗吧！

在初次見面時需要留意的話題

如果是知心好友，有時候聊些觀念或他人壞話會氣氛高昂。
但初次見面時，由於對方會有防備，因此必須留意。

1 思想上、政治性、宗教性的話題

2 他人的壞話、不平不滿

3 不合宜的內容、過於專業的內容

4 自誇的內容

5 從頭到尾負面的話語

老愛講他人八卦、壞話的人會失去別人的信賴。而且，自誇過頭會給人愛現的感覺，適可而止為佳。

【異性篇】和誰都能「聊得來」的說話方式

某天，我恰巧與知名歌舞伎演員一起搭乘銀座老牌百貨的電梯。在電梯裡只有我與這位演員，沒有其他人。

正當我想著「現在就是向他搭話的機會！」但聲音卻破音，因此沒能開口搭話。平常就算在一千人面前演講，我也不會破音，可那時卻在一個人面前緊張了起來。

在憧憬的人或是喜歡的人面前，不管是誰都會感到緊張。正是因為憧憬對方、非常喜歡對方，才更會緊張。

這並非可笑的事情。當對方是以後也想持續聯絡的異性時，緊張感就更為高升。因為你「不想被對方討厭」。

人們之所以會過度思考「不想失敗」、「不想丟臉」，是因為「過於在乎對方會怎麼看待自己」。

我想，很多人在沒有感覺的異性面前，應該會覺得怎樣都無所謂吧。**正是因為「非常在乎對方」，我們才會感到緊張**。但這絕對不是壞事。

不過一般而言，容易緊張的人多半是一板一眼的完美主義者，「別人會怎麼看我？」、「如果別人覺得我這樣，怎麼辦？」之類，容易太過在乎他人眼光。

當我們想讓對方看見比平常更好的自己，壓力就會更大，緊張感也會更為高漲；所以請不要刻意只展現好的一面，恰到好處地表現出自己原本的樣子反倒會更順利。

只要改變回應方式，就能成為戀愛達人

以下介紹的內容也是源自節目企劃，我們將二十四年來都維持單身的男性密集訓練二十一天，改造成受歡迎的人。

首先，讓他跟我一對一進行模擬對話，預想是初次約會。

他其實比我想的更能聊，只是過度去意識「一定要講些什麼」烈，而沒能保

有「傾聽對方說話」的餘裕。

以發言比例來說，就是他講八成，我講兩成的感覺。但約會時這樣的話，會讓女方不禁感到無聊。

與異性相處時，許多不擅於面對他人者會抱有「擔心一不小心交談就會變得很不順利」、「雙方都沒話講，很可怕」的想法。但其實，異性最討厭的，並不是聊天有一搭沒一搭，也不是持續的沉默，而是「對方單方面地一直講」。

比起說個不停的人，大家還是對好好聆聽自己說話的人較有好感。

那麼，我們便開始了二十一天的特訓。

首先，就如我在初次見面篇提到的，請他活用「**親切感六字訣**」到對話中。

而對於我的回答，他要以「**複述＋一個問題**」延續交談。

我還傳授給他在和異性談話時也能使用的，「**受歡迎的人才懂的反應五字訣**」。

隨著這樣練習下去，就能讓交談變得順利無阻！

受歡迎的人才懂的反應五字訣

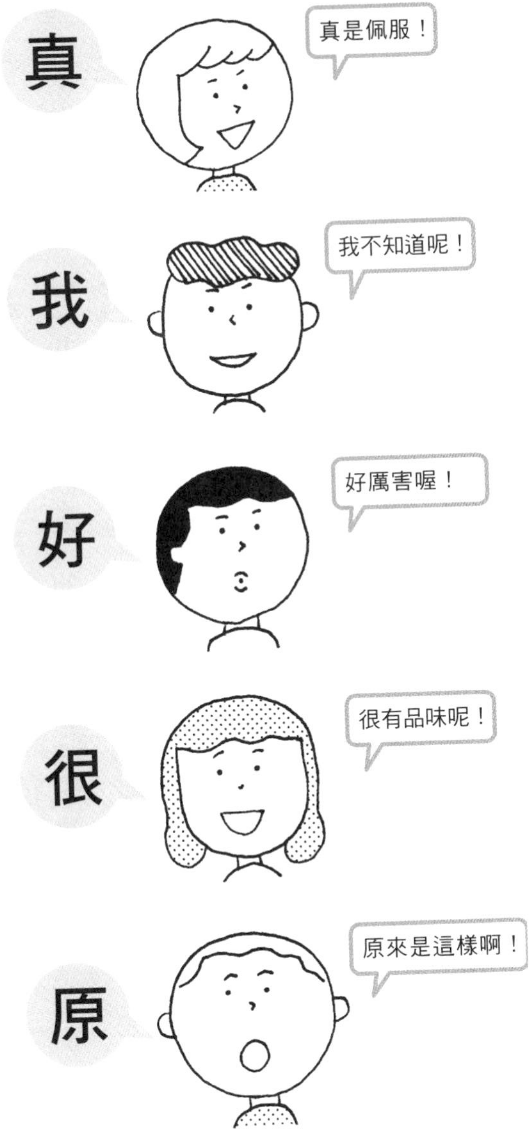

接下來，則是受歡迎的舉止，我採取了「**鏡像效應**」（Mirroring）理論。所謂「鏡像效應」，就是交談時，若無其事地模仿對方的動作。準備好桌子與杯子後，我若喝了口茶，他也要跟著喝茶。就是若無其事地模仿對方的動作到底！當感覺節奏同步時，那就對了！

當他愈來愈習慣與我聊天或互動，就要進行下一個任務——實際演練跟一般女生聊天。

若以駕訓班來比喻，就好比拿臨時駕照的「道路駕駛練習」。（笑）去到了美容院或店家時，也請他與女性店員積極交談；若有喝酒小聚或活動，也請他積極參加。

二十一天的訓練一眨眼就結束了，終於到了結訓時刻，他告訴我：「其實我要跟您報告一件事。」

他竟然交到人生第一個女朋友了！

我一直記得那時他開心的表情……也真心為他感到高興。

讓人「還想見上一面」的人之共通點

受歡迎的人都長得好看又有錢……確實這類因素也包含在其中。但不管異性還同性，可以長久交往下去的人，就是無論何時都會體諒對方的心情，能夠陪伴對方的人。

尤其在戀愛初期，你可以從跟對方聊天，或是對方的行動來判斷這個人是否非常在乎你。

受歡迎的人會若無其事地將以下這些貼心行為落實在生活中。

1 會注意到別人的細微變化

「你換髮型了？」、「打扮跟平常不一樣喔！」……「好適合你喔！」這樣持續給予誇獎！

「最近是不是沒什麼精神呢？」、「發生了什麼事呢？」……當對方感到脆弱時，能夠自然而然地表現關心的人也很加分！

2 能夠感受對方的情感

「太好了！」……好事發生時，一起開心；「總是會發生這種事情呢」、「很難受吧？」……正因為對方處於情緒負面的狀態，才更要接納並貼近對方吧。

3 留下分別時的餘韻

雖然這是我的個人經驗，但縱使跟對方聊得多麼開心，如果分開時對方完全沒有回頭就迅速離去，我就會因此感到失落。

而在商業場合上，我們都知道要保持鞠躬姿勢送客，直到電梯門關起。而在與異性分開時也要採取相同行動，揮手笑著直到看不到對方為止。透過給予對方「他很在乎我」的感覺，就能將關係延續下去。

【電話應對篇】讓人佩服「你很能幹」的說話方式

在我因怯場症而備受困擾的公務員時期，曾得過電話恐懼症。

當我必須打電話時，會看準辦公室都沒有人的時候打，或是特地到別的房間打電話（每一天都要做這麼負面的努力，真的讓我覺得好累……）

接電話更是令我感到可怕。自己的聲音在靜謐的辦公室裡迴盪，真的令我厭惡到極點。

現在已經克服了這些狀況的我，認為這是由於「相當的自我意識過剩」使然。因為時常害怕自己受到注目，身心都變得無所適從；最後導致失敗，而且完全陷入強烈的負面循環之中，覺得自己不擅長處理這些場合。

自從我克服了在他人面前感到緊張的問題後，便揮別了因自我意識過剩的壞習慣所導致的恐懼症。

而且，我後來想到，我會對撥接電話感到棘手的其中一個原因，應該是「我不知道電話應對的正確禮儀」。

無知會增加緊張感，自信則能減少不安。

在此，希望大家務必掌握好社會人士須知的電話應對禮儀，以及禮貌用語的基本知識。

打電話時的基本關鍵

1 當你撥電話給對方，就表示對方得放下手邊的事來接聽電話。

所以就預先簡潔彙整內容吧。對方若不在公司，也要先想好怎麼做會比較好。手邊準備好資料或便條紙、筆記工具。也要考慮到撥打電話的時間是否適當。

2 打電話的時第一印象也很重要。

「敝姓～」、「我是～」清楚報上自己名字，接著說「受您照顧了」、「抱歉，在您百忙之中打電話給您」。

3不要單方面地開始說話。

如果對方接了電話，請詢問對方目前的狀態，像是「請問現在方便聽電話嗎？」、「想跟您商量〇〇，方便耽誤您十分鐘嗎？」

4由於電話不容易聽清楚對方的聲音，也無法使用肢體語言，相較於面對面談話，更要留意自己是否有緩慢且清楚地說話。

由於對方看不到我們的表情，聲音容易聽來單調，所以若有抑揚頓挫的變化，聽起來會比較舒服。

接電話的基本關鍵

1 第一聲很重要。

要清楚報上自己的名字，語氣明快且爽朗。第一聲不要說「喂」。如果讓對方等了一些時間，接電話時要說「讓您久等了」。

2 接到打錯的電話也要仔細應對。

就是這種時候才看得出人品。

3 轉接時要按住受話端，或者使用「保留」。

4 要接電話的人不在時，請詢問對方的意願。

「可以的話，需要我幫您詢問嗎？」

「他預計是〇點回公司。等他回來，我請他跟您聯絡好嗎？」

5 如有留言，務必要做筆記，並且報上自己的名字。

這是為了不推卸責任。

6 原則上要等對方掛電話後，自己再靜靜掛上電話。

7 就算是客訴也要冷靜應對。

check「應對客訴」的5大重點

❶冷靜應對。
❷好好聆聽對方的理由。
❸不要找藉口。
❹無法自行判斷時，與上司商量。
❺客訴的意見寶貴，所以要積極且迅速地應對，加以改善。

拒絕／否決的緩衝用語

非常抱歉……我並不清楚

很遺憾……這次請允許我們作罷

雖然機會難得……但這次請容我推辭

非常抱歉……這次我們沒辦法這麼做

您過獎了……但這次請容我婉拒

真的很遺憾……無法完成您的期望

雖然非常難以開口……但敝公司決定本次不採用貴公司的提案

沒有達到您的期望非常抱歉……請容我們婉謝

沒能幫上忙非常抱歉……請您諒解

由於我們的能力不足，非常抱歉……請您諒解

報告／說明／感謝的緩衝用語

托您的福……平安回來了

或許您會有所顧慮……但請您放心

打斷您說話，真的非常抱歉……〇課長有您的電話

雖然很難說出口……但我沒能達成這個月的目標

真的麻煩您了……請代我問好

敬請見諒……請容我休假

真的很不巧……他目前不在位子上

關於緩衝用語

所謂緩衝用語	在請託、拒絕他人、持不同意見等等之類的情況下，於我們要表達的事情之前添加使用的話語，可給予對方柔和且謹慎的印象。

具代表性的緩衝用語

給您添麻煩了 ……有勞您回信

若不麻煩的話 ……可否請您告知聯絡方式呢？

很抱歉 ……能否請你稍候？

非常抱歉 ……請您再次確認

我感到深深抱歉 ……但可否請您再傳送一次呢？

請容我擅自詢問了 ……今天您方便嗎？

真的感到非常抱歉 ……請容我下週休假

雖然知道您很忙碌 ……但有勞您了

非常抱歉勞駕您了 ……要請您過來一趟

給您添麻煩了 ……我等您的回覆

反論／反對意見的緩衝用語

請容我說一句 ……您的意見我難表贊成

我明白您所言 ……但我的意見應該沒有錯

我了解您的意思了 ……不過也是有這樣的想法

確實如您所言 ……但由於○○，我難表贊同

結語

謝謝您讀到最後。

希望您務必從今天開始實踐「能夠在他人面前不會怯場的說話方式」。若是能讓您享受說話這件事，對我來說會是很大的榮幸。

因為有願意聆聽我們說話的人，我們才有辦法開口。

藉由在別人面前表現出自己，也才有辦法幫助到別人。

我們要向周遭的人們表達感謝之意。

相較於討厭在人前說話的厭惡感，當你感受到能好好發言的喜悅或滿懷感謝的心意時，應該也能感受到至今未曾有過的暢快感和成就感才是。

能不害怕在他人面前開口、堂堂正正地發言……這樣的人生將有如「樂園」！

我由衷希望，能透過這本書讓許多人獲得「樂園」的門票。

十七年來為重度怯場症所苦但仍成功克服，甚至當上談話講師的我，投注我的生涯，所要達成的使命就是「讓這個世上再也沒有人暗自為怯場症所苦」。

倘若本書能夠幫助到您，將會是我的榮幸。

最後，我想感謝給予我如此美好機會的大和書房編輯部三輪謙郎先生、總是讓我能夠一起開心學習的克服怯場症協會的會員們、至今仍支持著我的工作人員、家人們、所有朋友，藉此機會致上深深謝意。

鳥谷朝代

二〇一六年四月

再也沒有不敢上的台！
輕鬆當眾開口，打造談話魅力的5堂課

1分のスピーチでも、30分のプレゼンでも、人前であがらずに話せる方法

作　　者　鳥谷朝代
譯　　者　正正
執行編輯　顏妤安
行銷企劃　高芸珮
封面設計　賴維明
版面構成　陳佩娟
發 行 人　王榮文
出版發行　遠流出版事業股份有限公司
地　　址　臺北市南昌路2段81號6樓
客服電話　02-2392-6899
傳　　真　02-2392-6658
郵　　撥　0189456-1
著作權顧問　蕭雄淋律師
2019年11月30日 初版一刷
定價 新台幣280元（如有缺頁或破損，請寄回更換）

ISBN　978-957-32-8677-6
遠流博識網　http://www.ylib.com
E-mail: ylib@ylib.com

IPPUN NO SPEECH DEMO, SANJUPPUN NO PUREZEN DEMO,
HITOMAE DE AGARAZUNI HANASERU HOUHOU
by Asayo Toritani

Original Japanese edition published by Daiwa Shobo, Co., Ltd.
Complex Chinese translation rights arranged with Daiwa Shobo, Co., Ltd.
through Timo Associates Inc., Japan and LEE's Literary Agency, Taiwan.
Complex Chinese edition published in 2019 by Yuan-Liou Publishing Co., Ltd.

圖書館出版品預行編目(CIP)資料

再也沒有不敢上的台!：輕鬆當眾開口,打造談話魅力的5堂課 / 鳥谷朝代著；正正譯.
-- 初版. -- 臺北市：遠流, 2019.11
面；　公分

譯自：1分のスピーチでも、30分のプレゼンでも、人前であがらずに話せる方法
ISBN：978-957-32-8677-6　(平裝)

192.32

108018525